GLOBAL DISCOURSE AND WOMEN'S BODIES
FEMALE GENITAL MUTILATION/CUTTING AND LOCAL DIVERSITIES IN AFRICA

グローバル・ディスコースと女性の身体

アフリカの女性器切除とローカル社会の多様性

宮脇幸生／戸田真紀子／中村香子／宮地歌織　編著

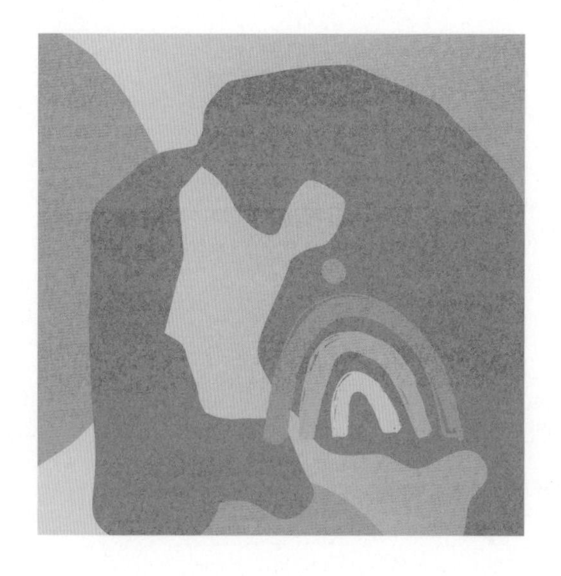

晃洋書房

Global Discourse and Women's Bodies:
Female Genital Mutilation/Cutting and Local Diversities in Africa

Edited by

Yukio Miyawaki, Makiko Toda, Kyoko Nakamura, and Kaori Miyachi

口絵１　グシイの人びとが住むキシイ・カウンティの景観
出所）1998 年宮地撮影（キシイ）

口絵２　民芸品であるソープストーン
出所）1998 年宮地撮影（キシイ）

口絵3　割礼の儀礼前の祝宴に集まる人びと
出所）1999年宮地撮影（キシイ）

口絵4　明け方に割礼を受けた少女たち
出所）1999年12月宮地撮影（キシイ）

口絵5　割礼後に祖母に付き添われて帰宅する少女たち
出所）1999年12月宮地撮影（キシイ）

口絵6　祖母の台所小屋で隔離期間に入る少女たち
出所）1999年12月宮地撮影（キシイ）

口絵７　清めの水を汲みに行くサンブルの娘たち
出所）2019 年 1 月中村撮影

口絵８　サイアレケアをうたうサンブルの既婚女性たち
出所）2019 年 1 月中村撮影

はじめに

本書は日本で初めての「女性器切除」をテーマとする論文集である．ここでのキーワードは，タイトルにもある「グローバル・ディスコース」と「ローカル社会の多様性」だ．なぜこのふたつがキーワードになるのかについては，後ほど説明しよう．

本書を手に取る皆さんのなかには，「女性器切除」ということばを初めて聞く人も多いのではないだろうか．「女性器切除」とは，女性器の一部，あるいは全部を，傷つけたり切除したりする慣習のことを指す．アフリカで多くおこなわれているが，西アジアや東南アジアの一部でもおこなわれている[1)]．

かつて欧米の植民地行政官や文化人類学者たちは，この慣習を「女子割礼（female circumcision）」と呼び，男性の割礼と同様に儀礼的な慣習だとみなしてきた．だが1970年代になると，フェミニズムの洗礼を受けた人権活動家たちが，この慣習を女性や子供の健康と人権を侵害する行為であり，「女子割礼」ではなく「女性器切除（female genital mutilation）」と呼ぶべきであるとした．やがて女性器切除廃絶運動は，国連諸機関やNGOも加わる大きな国際的潮流となり，1990年代から2000年代にかけて，アフリカ諸国でも女性器切除は法律で禁じられるようになった．21世紀の現在，女性器切除を受ける女性の数は，アフリカでは減少しつつあるとされている．しかし減少の程度は地域によってさまざまであり，今でも重要な慣習として保持している地域も少なくない．

私は大学の授業で，この慣習について話すことがある．授業の後で集めるコメントペーパーを見ると，ほとんどの学生はこの慣習に対して否定的な意見を持つことがわかる．いわく「このようなことが今もおこなわれているなんて，信じられない」「このような慣習は，一刻も早く廃絶すべきだ」「あまりにも悲惨で，聞くに堪えなかった」．女子学生のコメントのなかには，「私はこの慣習のない日本に生まれてよかったと思う」というものも，少なからずある．

このようなコメントが出てくるのは，授業の最初にアリス・ウォーカーの『戦士の刻印』という映画を見せるからでもあろう[2)]．これは，女性器切除の廃絶運動のなかで，とても大きな影響力を持った映画だ．この映画のなかでウォーカーは，女性器切除は男性が女性を支配する「家父長制」のゆえにおこなわれること，女性の力をそこないアフリカの発展を妨げていること，これは文化（culture）ではなく拷問（torture）ととらえるべきであることを主張する．

この映画では，家父長制に従属し，この慣習を護持しようとする女性たちと，この慣習が家父長制支配の一部であることを見抜き，それを廃絶しようとする女性たちが，対照的に描かれている．これはとても明快な構図だ．この映画を見た学生の多くが，この慣習に否定的になるのも当然だろう．ウォーカーのような考え方は，現在の廃絶運動にも強い影響を与えており，廃絶を推し進める強力な原動力となっている．キーワードのひとつ，「グローバル・ディスコース」の力だ．

だが実際にアフリカで調査をおこなっていると，この構図にはおさまらない状況にしばしば遭遇する．たとえば私の調査しているエチオピア西南部の農牧社会がそうだ．ここは典型的な家父長制社会だ．結婚の儀礼のときに，女性器切除がおこなわれる．これから花嫁が花婿の家に嫁ごうとするその夜に，花嫁の女性親族が集まり，花嫁の女性器を切除するのである．結婚を取り決めるのは，親族集団の家父長．女性はウシと交換に，花婿の親族集団に嫁ぐ．最も重要な財産は家畜だが，それを所有できるのは男性だけである．

それならば女性たちは男性の支配に唯々諾々と従っているかというと，決してそうではない．男たちに隠れておいしい食事を食べることから始まり，互いに助け合って婚姻外性交渉の手引きをする．はては精霊憑依カルトに入り，精霊の力で逆に夫を支配しようと試みる．交易と小売りのための組合を作り，利潤として得た現金を自分たちの財として確保しようとする女性たちもいる．今では近くの町の警察にうったえて，自分の気に入らない結婚を破談にしようとする若い女性も多くなった．女性たちは家父長制が実際に作動している場面で，いろいろと抵抗をしているのだ．

それならば，女性器切除はどうか．これは女性たちに強く支持されているのである．なぜならばこの慣習に関する事柄は，女性の年齢集団内で決められるべき事項だとみなされているからだ．10 年ほど前に地方政府がこの慣習を廃絶しようとした．このとき政府に従ったのは男性長老たちで，もっとも強く抵抗したのが，まだ女性器切除を受けていない未婚の女性たちだった．彼女たちは家父長制支配と女性器切除を，結びつけてはいないのである[3)]．

もちろん，グローバル・ディスコースの言うように，女性器切除が女性のセクシュアリティをコントロールするためになされるという社会もある．だが大事な点は，女性器切除の意味づけは，社会によってさまざまであるということだ．ここに，もうひとつのキーワードである「ローカル社会の多様性」が出てくる．

アフリカ社会は多様だ．近代化された都市社会もあるし，農耕や牧畜に依存する社会もある．それに応じて，社会の仕組みも，家族の形態も，家父長制の在り方も，またさまざまである．そしてそこでおこなわれる「女性器切除」とグローバル・ディスコースがひとくくりに呼ぶ慣習も，実際は多様だ．切除の形態も，実施する年齢も，その状況も，意味づけも，さまざまなのである．だから単純明快なグローバル・ディスコースをそのまま現場に持ち込んで人びとに教えをほどこそうとしても，具体的な場面でいろいろと齟齬が生じ，失敗することが多い．

だからといって，アフリカのローカル社会は変化しないのだと考えるのは，誤りだ．そもそもアフリカの社会は，とても流動的だった．私の研究している東アフリカの牧畜社会は，植民地化される以前は，集団の移動や分裂・融合が頻繁になされていた．これは他の地域でも同様である．植民地期には一時的に，集団の流動性はおさえられた．だが，アフリカ社会がグローバル経済に参入するにつれ，別の形で急激な社会変化が起きている．アフリカのさまざまなところでおこなわれている多様な女性器切除も，廃絶運動の影響によってだけではなく，生業形態や社会構造，親族・家族構造の変化によっても，大きな影響を受けている．

本書の執筆者たちは，それぞれアフリカのローカル社会と人びとに，調査者として，親族や友人として，そこで活動するNGOの連携者として，長年にわたってかかわってきた．各章ではそれぞれの執筆者は，自分のかかわるローカル社会の人びとが，社会の変化をどのように受け止め，女性器切除をいかに位置づけているかを明らかにしている．またそこからさらに，望ましい廃絶の方法にまで踏み込んだ考察もある．これらの考察を通して，女性器切除をめぐる状況と問題の今を，皆さんは知ることになるだろう．

女性器切除をめぐる問題はまた，そのほかのさまざまな問題とも，いくつかの共通性を通してつながる．たとえば私たちの社会でおこなわれる美容整形と，女性器切除は，どこが同じでどこが異なっているのか．欧米やイスラーム圏でおこなわれる男性の割礼と女性器切除の違いは何だろうか．これらの問題も，コラムで取り上げている．女性器切除という複雑で多面的な問題を考えるさいの参考にしていただければと思う．

2021 年 2 月

宮 脇 幸 生

注

1）欧米のアフリカ系移民の間でも女性器切除がおこなわれているとする新聞報道がなされることがあるが，はっきりと確認できる記録は必ずしも多くない．よく知られているのはフランスの事例で，1979 年から 2004 年の間に，29 件が刑事裁判にかけられている［European Institute for Gender Equality, 2013］.

2）『戦士の刻印』でウォーカーは，家父長制に従属して生きているのは，アフリカの女性だけではない，男好みの白い肌や大きな胸を求めるアメリカの女性も，家父長制社会に従属して生きていることを忘れてはならないと語る．このことは，美容整形が盛んにおこなわれている日本社会の女性にもあてはまるだろう．

3）この農牧民の女性たちが女性器切除を維持しようとするのは，それが自分たちの民族アイデンティティ，ジェンダー・アイデンティティのマーカーであり，それを決定するのは自分たちであると考えているからだ．しかしこのようなジェンダーの構造自体が，この民族の家父長制の仕組みのなかに組み込まれていると考えるのならば，女性器切除をめぐる彼女たちの決定や抵抗も，逆説的に家父長制を補強しているという解釈もできるだろう．女性の主体性や自己決定と家父長制，女性器切除の間の関係は，さらに議論を深めるべき重要なテーマである．

Table of Contents

Introduction

グローバル・ディスコースとアフリカの女性器切除

中村香子

はじめに

女子割礼（female circumcision）あるいは女性器切除（female genital mutilation/cutting）については，近年，日本でも急速に周知が進んでいる．「大学の講義で扱いたいが適切な資料がない」という教員の声も多く聞かれるようになり，「根絶のために私に何ができるのか教えてください」と尋ねてくる学生も増えた．この問題を学びたくても，手にとることのできる適切な入門書がなく，インターネット上の情報からは現場のリアリティがわからないという．本書は，こうした声に応えたいという思いで編まれている．本書の各章は，長年にわたってアフリカでこの問題に直面してきた研究者が，それぞれの事例をもちより，時間をかけて議論を繰り返してきた成果である．女子割礼・女性器切除の廃絶を目指す国際的な流れの中で，政治や経済，社会，文化，宗教が複雑に絡み合う現地の様相や，当事者の多様性が具体的な事例をとおして明らかになるだろう．

ここでは，各章を理解するために必要な事項と，いくつかの議論のポイントを記しておく．

1　WHO による定義と施術タイプおよび実施地域

WHO（World Health Organization：世界保健機関）は female genital mutilation を「女性外性器の一部もしくは全部の切除，あるいは医学的治療以外の理由で女性器を傷つける行為のこと」と定義し，施術方法を以下の４つのタイプに分類している［WHO, UNICEF, UNFPA 1997a; WHO 2008; FGM 廃絶を支援する女たちの会 2010］（**図１**）．

- タイプⅠ：クリトリスの一部もしくは全体およびクリトリス包皮の切除，あるいはクリトリス包皮の切除（clitoridectomy：クリトリス除去術）
- タイプⅡ：クリトリスの一部もしくは全体および小陰唇の切除．大陰唇の切除を伴う場合もある（excision：切除術）
- タイプⅢ：小陰唇および大陰唇，あるいは小陰唇か大陰唇のみを切除・接合することによって覆いが作られ膣口を狭める．クリトリスの切除を伴う場合もある（infibulation：性器縫合）
- タイプⅣ：その他，医学的治療以外の目的で女性性器を傷つける施術．たとえば，突き刺す，極小の穴を開ける，切り込む，削る，焼灼といった行為

施術のバリエーションは幅広い．クリトリスの先端にわずかに切り込みを入れるだけで「切除」される部分はない軽微なものから，クリトリス，小陰唇，大陰唇の一部あるいは全部を切除したうえで縫合するものまでが，female genital mutilation「女性器切除」という同じ言葉で表現されている．WHO［2008］は，上記の4つのタイプ分けをさらに細分化したものを発表している[1)]．

この施術を慣習として実施している地域は，アフリカを中心に，中東からアジアに広がる．UNICEF［2013］によれば，アフリカと中東の29か国において（**地図1**）少なくとも1億2500万人の女性がこれを経験している．そのほか，インドネシアやマレーシアなどのアジアでも見られる［井口・ラシド 2020］ほか，近年では欧米の移民社会でも顕在化している［e.g. Macklin 2006; Hernlund and

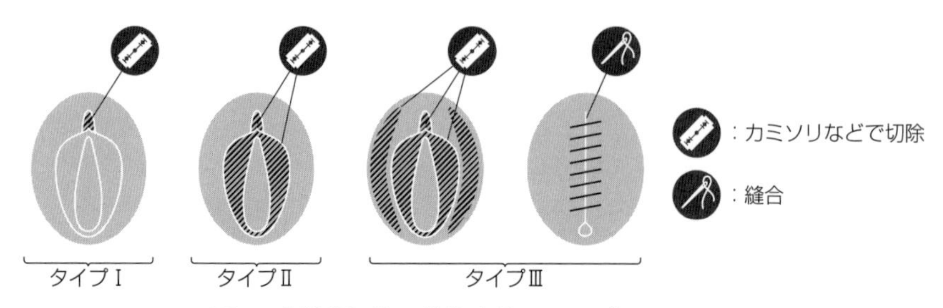

図1　女性器切除の施術方法のタイプⅠ，Ⅱ，Ⅲ

出所：Grun［2015］を改変．

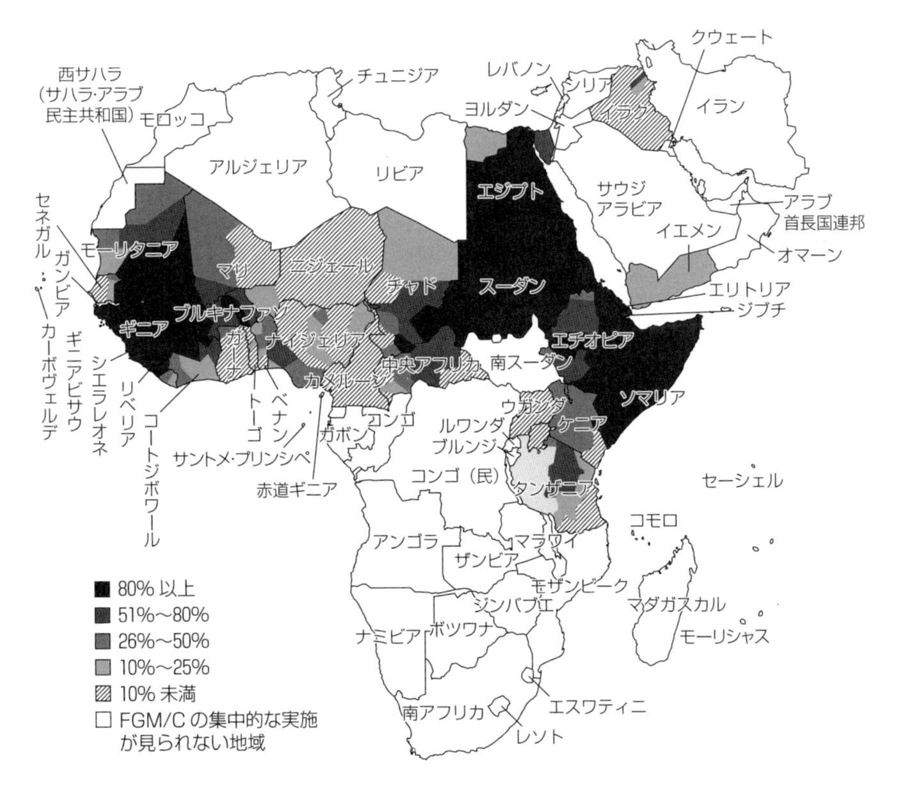

地図1　アフリカと中東における女性器切除の実施地域と実施率（%）

出所：UNICEF［2013］を改変.

Shell-Duncan 2007].

2　用語について

現在のところ，日本語では「女子割礼」「女性器切除（女性性器切除）」というふたつの用語が使われている．一方，英語では，female circumcision，female genital mutilation，female genital cutting，female genital mutilation/cutting，female genital operation，female genital surgery，female genital modification など，多数の用語がある．用語の多様性は，すなわち，この問題の複雑さを示

している．どの用語でこの問題を語るのかには，発話者の立ち位置，あるいは，問題のおかれている文脈が映し出されるからだ．この問題をめぐる政治や理念を理解するうえでは，用語の使われ方に注意を払う必要がある．

まず，この施術を習慣としておこなっている／おこなってきた多くの社会では，男性の「割礼」（circumcision：陰茎包皮の環状切除）と女性の「割礼」には同じ単語が使われている［UNICEF 2013: 6-7; Abusharaf 2006］．たとえば，アラビア語の *khitan*，ソマリ語の *gudniinka*，キクユ語の *irua*，マサイ語の *emurata*，サンブル語の *murratare* は，男子に対する「割礼」にも女子に対する「割礼」にも用いられる．また，植民地期のミッショナリーや植民地政府も，英語で男性の割礼を示す単語 circumcision を用いて「女子割礼」を female circumcision と呼んできた．

「FGM: female genital mutilation」という言葉は，欧米による廃絶運動の流れのなかで登場した．1979 年にアメリカ人のフェミニストであるホスケンが circumcision では，男性の割礼と女性の割礼の差異が表現できず混乱を招くという理由から「FGM」という言葉を使い，この慣習の暴力性を世界に知らしめて廃絶をよびかけた［Hosken 1994（1979）］．その後，1980 年代に展開された国際的な廃絶運動のなかで「FGM」という用語が普及していき，1991 年には WHO が国連機関にこの言葉の採用を促し，国連機関がこれに賛同したことから一気に拡大した［WHO 2008: 22］．

しかしながら，mutilation という単語には，「切除する」という意味に加えて，施術を受けた対象を「不完全にする」というとても強い否定的な含意がある．このため，mutilation を使うことは施術を受けた当事者の尊厳を傷つけてしまうという理由から，これを用いることを敬遠する個人や団体も多く存在してきた．これらの個人や団体は，より客観的で中庸な cutting（切除）を用いた「FGC: female genital cutting」という用語を使っている．1999 年には UNICEF やその他の国連機関も mutilation を使用することに対する見直しをおこない，「FGM/C: female genital mutilation/cutting」という用語が誕生した．UNICEF はこのハイブリッドな用語を採用した背景として，「女性に害があること非難することによって，特定の文化を悪と決めつける（demonizing culture）危険性に配慮するとともに，この慣習をもつコミュニティの人びとが（その根絶を目指して）協働していくことに対する敬意を示すために“cutting”を用い，しかしながらそれと同時に，この行為が女性の権利の侵害であることを強調することの政策レベルでの重要性から“mutilation”という語をあえて残した」と記している［UNICEF 2013: 7］．その後，多くの個人や団体が「FGM/C」を採用した．

しかしながら国連諸機関は「FGM」という言葉を，この慣習の廃絶を唱道するための「道具」と位置づけて［WHO 2008: 22］，あえて用いる場合も多く，とくに2012年に国連総会で根絶を目指すための決議案が採択されて以降は，廃絶運動がより強力に実施される状況のもと，国連機関以外の個人や団体のあいだでも再度「FGM」を用いるケースが多く見受けられるようになっている．

本書の各章では，それぞれの著者が，それぞれの文脈でもっとも適切と考える用語を選択している．この序章では，施術をおこなっているコミュニティの当事者と廃絶運動の担い手の双方に配慮したハイブリッドな「FGM/C」という語を主として用いる．

3　欧米社会による廃絶運動と政治・経済

欧米社会によるFGM/C廃絶の試みは植民地期のはやい段階ですでにみられた．たとえばケニアにおいては，1906年にはプロテスタント教会の宣教師たちがこれをやめさせるための取り組みを開始していたという［Thomas 2003: 22］．植民地政府と宣教師たちは植民地時代をとおして住民に強い圧力をかけてこの慣習を廃止させようとしてきたため，1950年代の終わりには，特に植民地政府への抵抗が激しかったケニア中部に居住する人びとにとってFGM/Cは，植民地政府に対して反発を示す道具にさえなっていた［Thomas 2003: 79-102；松田 2009: 271-73］．女性たちは自ら「割礼」をおこなって抵抗を示したという．その後，1963年に独立を果たしたケニアでは，この問題は国民を分断する恐れがあるために，国家統一を目指す政府にとってとても扱いづらいものであったという［Thomas 2003: 179］．

1970年代末には欧米におけるフェミニズムの高まりのなか，アフリカの「女子割礼」が「発見」され，廃絶運動が活発化した．1980年に開催された世界女性会議ではホスケンが「女子割礼」の問題を極めてセンセーショナルにとりあげたが，それに対してはアフリカ諸国からの参加者による強い反発があった.[2)]

1980年代になると，WHOやUNICEFを中心とした国連機関が廃絶運動に加わり，1990年代には，国際NGOを含む多くの国際機関が廃絶を推進するプロジェクトをアフリカの各地で展開し始めた．また，アメリカは1996年に「反FGM法」を制定し，国際援助を受ける際の条件として，国家としてFGM/Cを廃止するための取り組みを実施していることを要請し［Center for Reproductive Rights 2004］，世界銀行や国際通貨基金を通じて，FGM/C廃絶と国際援助の条件をリンクさせた．すなわち，国際社会から経済支援を受けることを望むアフリカ諸国は，国家としてFGM/Cの廃絶に取り組む必要に迫られることになった．その後，2012年に国連は総会決議によってあらためて根絶に向けた取り組みを強化していくことを宣言している（第2章，**表2-1**を参照）．さらに2015年には，持続可能な開発目標（SDGs）においてFGM/Cの根絶が謳われたことに伴い，廃絶を目指すプロジェクトの数が急増した.

4　禁止法の制定とその反動

アフリカ諸国が実施したFGM/C廃絶に向けた取り組みとは，第一に禁止法の制定である．1990年代から2000年代には禁止法の制定が急速に進行し，この慣習のあるアフリカ・中東の29か国のうち，2020年までに24か国が禁止法を制定している［UNICEF 2013］（**表1**）.

本書ではケニアの事例を多く扱っているが（第2，3，4，5章），ケニアでは2001年に制定された子ども法のなかで，18歳未満の女子に対する「割礼」（circumcisionと記載されている）の禁止が明記された［Republic of Kenya 2017 (2012)］．そして2011年にはより厳しい禁固と罰金をともなう「FGM禁止法（Prohibition of Female Genital Mutilation Act）」が制定された［Republic of Kenya 2012 (2011)］.

FGM/Cの禁止法の制定が急速に進行したことは，その実施率の劇的な減少に貢献したと考えられ，高く評価できる（第2章，p.38を参照）．これまで何の疑いもなく施術を受容してきた人びとにとっては，あらためてその必要性を問い直すきっかけになっただろうし，施術から逃れたいと望む人びとにはそれを拒

表 1　FGM/C 禁止法の制定国と制定年

禁止法制定国	制定年
ベニン	2003
ブルキナファソ	1996
中央アフリカ	1966, 1996*
チャド	2003
コートジボワール	1998
ジブチ	1995, 2009*
エジプト	2008
エリトリア	2007
エチオピア	2004
ガーナ	1994, 2007*
ギニア	1965, 2000*
ギニアビサウ	2011
イラク（クルド自治区）	2011
ケニア	2001, 2011*
モーリタニア	2005
ニジェール	2003
ナイジェリア	1999-2006, 2015**
セネガル	1999
ソマリア	2012
スーダン	2008-2009, 2020**
トーゴ	1998
ウガンダ	2010
タンザニア	1998
イエメン	2001

注：＊　もとの禁止法が改正された年，あるいは，新規に制定された年
　　＊＊　一部地域に適用されていた禁止法が全国に適用された年
出所：UNICEF［2013: 9］をもとに著者が改変.

否することの正当性が強く担保されたはずである（第 5 章）．しかしその一方で，国家の法律という上からの強制力によって廃絶を目指す動きには，当然マイナスの反動もあった．この慣習を継続したい人びとは，罰金や禁固を恐れて秘密裏に施術をおこなうようになったし（第 3，4，5 章），また，施術を受けていることが処女性を象徴するソマリアにおいては，結婚時の純潔を示す別の方法として性成熟前の若年結婚が増加しているという報告もある［World Vision 2014: 12, *The Gurdian* 2014］．また，ケニアではコミュニティの分断もひきおこされ（第 5 章），エチオピアでは女性たちの激しい抵抗運動がおきた［宮脇 2016］．禁止法の整備が，廃絶運動のゴールになり得なかったことは明らかである．また，積

極的にFGM/Cをおこないたいと望む女性たちは明らかに存在しており，彼女たちにとっては，国家によって自身の身体に対する自由を奪われるという事態が禁止法によって生み出されたのである．こうした事態を，われわれはどのように考えればよいのだろうか．

5　国連による「医療化」の禁止，そして「ゼロ・トレランス」へ

FGM/Cに対する初期の廃絶運動における問題の焦点は「心身への弊害」であった．WHOによる健康被害の報告は強烈なインパクトを与え，人びとを廃絶支持へと動かしたが（WHOによる健康被害の報告については第1章を参照），しだいに国連諸機関は，廃絶理由の軸足を「身体」「医療」から「人権」「倫理」へと移していく（この背景とプロセスについては第1，2章を参照）．

WHO［2010］は，「FGMの『医療化』は，この慣習の廃絶にとって弊害となる」と明言した．ここでいう「医療化」とは，医療従事者による施術の実施である[3)]．たとえば，エジプトで28%，スーダンでは67%，ケニアで15%の施術の「医療化」が報告されている［Kimani and Shell-Duncan 2018: 26］．「医療化」すれば，まちがいなく健康被害のリスクは下がると考えられるにもかかわらず，国連諸機関は「医療化」を止めようしている．その理由は，医療従事者が施術を実施すれば，それが安全であるという印象を与えるだけでなく，医療従事者がしばしばコミュニティで尊敬される立場にあることから，施術が正当化されたと考える人びとによって，廃絶への意欲がそがれかねないためであるという［Kimani and Shell-Duncan 2018: 29; WHO 2010: 9］．多くの国の禁止法では，施術の実施者も罰に問われるため，医療従事者はFGM/Cに関与したがらなくなっている．

国連諸機関は，たとえ健康被害がなくとも，この慣習は女性の人権を侵害するものであり，根絶すべきであるという立場を明確に表明しているのである．そしてこの立場は「ゼロ・トレランス」というスローガンに象徴される．「ゼロ・トレランス」とは，廃絶運動を展開するにあたり，ひとつの例外も許さないとする強い心構えを指している．これは，あらゆる施術タイプを許容しない，すなわち，いかなる軽微な施術も許容しないことを意味しているが，これにつ

いては，議論の余地があるだろう．FGM/C は女性に対する人権侵害であるとする合意が国際的に形成され，「ゼロ・トレランス」の追求が強化されると，逆に，FGM/C による健康被害の軽減という視点がないがしろにされうるのである［Kimani and Shell-Duncan 2018: 30-31］．本書の各章は，このような議論を深めるための事例を提供している．

6　各章の内容

FGM/C の身体・心理への負の影響は，これまで学術的に十分に明らかにされてきたわけではない．第 1 章で宮脇は，先行研究を詳細に検討しながら，施術のタイプがⅠからⅢへと重くなるにしたがって，身体・心理への負の影響は大きくなる傾向があることを明らかにする．そのうえで，このような医学的調査の研究結果を解釈する際に，十分に注意すべきこととして，社会的な文脈において数値の妥当性を判断することが強調される．また，1 日に 10 本以上の喫煙をする妊婦による死産率が，タイプⅢの施術をうけた妊婦の死産率とほぼ同じであるにもかかわらず，喫煙を禁ずる法律がないことや，先進国でおこなわれる女性器の美容整形は許容され，FGM/C はなぜ法律によって禁じられているのか，さらに，FGM/C のリスクが強調される一方で，イスラーム圏やアフリカだけでなくアメリカ合衆国でもさかんにおこなわれている男子の割礼のリスクは語られないといった，ダブルスタンダードにも疑問を投げかけている．男子割礼についてはコラム 1 で，女性器の美容整形についてはコラム 2 でも詳述されている．

第 2 章で戸田は，まず FGM/C 廃絶のために国際社会とアフリカ社会がこれまでに重ねてきた努力とその成果を概観する．そのうえで「ゼロ・トレランス」がなぜ成果をみていないのかを検証し，アフリカにおける家父長制社会の価値観の根強さを指摘する．そしてそれを変化させる方法として，ごく少数の成功事例をみつけ，コミュニティの内から外へと活動を拡充させていく「ポジデビ・アプローチ」（「ポジティブ・デビアンス・アプローチ」）の有用性を説く．このアプローチの特徴は，外部者によって変化をもたらすのではなく，内部者こそが変化をつくりだすという点であり，トップダウンに進められる「ゼロ・トレランス」とは対照的である．戸田はまた，「家父長制社会を生きる女性」という問題を提示し，「心理的・文化的なクリトリデクトミーの犠牲者」というサーダーウィ［Saadawi 1980: 邦訳 25］の言葉を用いて，われわれ日本人がこの問題を安易に他者化することに警鐘を鳴らす．

第 3 章で宮地は，ケニアのグシイ社会における過去 20 年間の女子の「割礼」をめぐる変化を統計資料も用いながら多角的に論じる．この 20 年は，ラジオも珍しかった社会が，携帯電話やインターネット，出稼ぎなどによって，一気にグローバル世界へと開かれた激変の時代であった．宮地は，しかしながら FGM/C の廃絶運動は思ったほどの成果をあげていないのではないかと疑問を投げかける．また，グシイでは 20 年前にすでに医療従事者による施術への移行，すなわち「医療化」が起きていたが，その後の禁止法の制定により施術が隠蔽化され，看護師による施術が難しくなったために健康へのリスクが高まっている可能性も指摘している．また，こうした状況下で，FGM/C の合法化に向けて動き出している医療従事者の事例についてはコラム 3 で確認できる．

第 4 章で林がとりあげるのは，マサイの女性による草の根の廃絶運動である．レスキューセンターの設置と代替儀礼の実施という廃絶プロジェクトの代表的な取り組みが詳述され，その効果が検証される．林は，レスキューセンターには一定の効果がある一方で，代替儀礼には多くの課題があることを指摘する．しかし同時に，間接的な効果として少女たちの教育への意欲の促進や，母－娘間の力関係に変化が起きていることに着目する．そのうえで，当事者による草の根の廃絶運動が，今後，上からのゼロ・トレランス政策の代行組織となることなく，マサイの女性たちに寄り添う組織となれるかが問われると結論づける．

第 5 章で中村は，廃絶運動を展開する側の人びとが，当該社会の女性たちを「主体性を奪われた犠牲者」として固定的にとらえすぎているのではないかという問題意識のもとで，廃絶運動に対するローカル社会の反応を，当事者たちの語りをできるかぎり生かして具体的に記述する．これにより，共通の文化的背景をもつひとつのコミュニティの内部においてでさえも，当事者は多様であり，変化に主体的かつ柔軟に対応していることが明らかにされる．また，画一的で強力な上からの廃絶運動に対しては，コミュニティの分断や「反・反 FGM/C」という負の感情が生じ始めていることにも言及する．

第6章でアブディンは，FGM/Cと宗教，宗教と政治，政治とFGM/Cという三角関係を描き出す．スーダンでは，1970年代以降に世俗的フェミニストやイスラーム的フェミニストによるフィルオーニ・タイプ（タイプⅢ）の廃絶運動がおこなわれ，時間をかけた段階的変化を目指しながら成功をおさめてきた．さらなる廃絶運動も同様におこなわれるべきであったが，この問題が国際社会へのアピールの道具として政権によって政治的に利用された結果，グローバルなゼロ・トレランスが採用されてしまった．このことは，宗教指導者の共感を得ることができず，変化の流れが断ち切られたばかりでなく，トップダウン・アプローチへの反感は「イスラーム的FGC擁護」に繋がりかねないことが指摘される．

コラム4で宮脇は，多様な人びとによる多様なFGM/Cを「FGM」というひとつのカテゴリーに押し込め，「肯定するか，否定するか」という二者択一を迫ることの危険性を述べたうえで，われわれがこの問題といかに向き合うべきなのかをあらためて問いかける．

本書のすべての章とコラムは読者に対して，FGM/Cをどのように理解し，どのように行動すればよいのか，という正解を示すものではない．むしろその逆で，FGM/Cを実施するローカル社会の多様性や，その社会の内部の個人の多様性，そして，この問題の切り口の多様性を示しながら，ひとつの「正解」があるという考え方への懐疑を提示している．それぞれの執筆者たちはフィールドワークのなかで，「ゼロ・トレランス」という多様性を排除した一括アプローチが功を奏していないことを目の当たりにしてきたからである．

本書によって読者は，FGM/Cを手がかりとしながら，今という同じ時代を生きるアフリカ女性の身体をとりまく政治や経済，社会，文化，宗教，そしてそれらが複雑にもつれあった状況を理解することになるだろう．そして，グローバル・ディスコースがますます力をもつなかで生じる利害の対立，権力の行使と抵抗，逃避，隠蔽，駆け引き，二律背反といった，想定していなかったさまざまな状況のもつれをほぐしながら，読者自身がグローバル・ディスコースの一部を構成していることに気づくだろう．遠いアフリカの「他者」の問題としてではなく，わがこととしてFGM/Cと向き合い，正解のない問いについて考え続けるきっかけとなることを願いたい．

注

1）4つのタイプ分けの細分化は以下のように定義されている［WHO 2008］．タイプIa：クリトリスの先端もしくは包皮のみの除去，タイプIb：包皮を含めたクリトリスの切除，タイプIIa：小陰唇のみの切除，タイプIIb：クリトリスの一部もしくは全体および小陰唇の除去，タイプIIc：クリトリスの一部もしくは全体，小陰唇および大陰唇の除去，タイプIIIa：小陰唇を除去して接合する，タイプIIIb：大陰唇を除去して接合する．WHO［2018］には，施術部分を示す詳細なイラストも掲載されている．

2）その後に展開した，研究者による「文化相対主義」と「人権主義」をめぐる「論争」――すなわち，この問題を「文化」として容認するか，「暴力」として廃絶をめざすか――をふくむFGM/Cに関する研究史については富永［2004］を参照されたい．

3）一般的に「医療化」とは，社会に生起する医療的な問題とされていなかった領域の物事が，次第に社会的に「病気」と定義されて，予防や治療などの対象となっていくことを指すが，FGM/Cにおける「医療化」は，医療従事者が公的あるいは私的な医療機関，家庭，その他のあらゆる場所でFGM/Cの施術をおこなうことと定義されている［WHO 2010: 2］．

Chapter 1

女性器切除は女性の身体・心理にいかなる影響を与えるのか？
——近年の生理学・心理学的研究の検討を通して——

宮脇幸生

はじめに

本章では，FGM/C が女性の身体・性・心理にどのような影響を及ぼすのかを，近年の研究から探ることにする．FGM/C についての論文・論説は 1990 年代から増え始め，ここ数年は年間 150 本前後の論文が発表されている（**図 1-1**）．

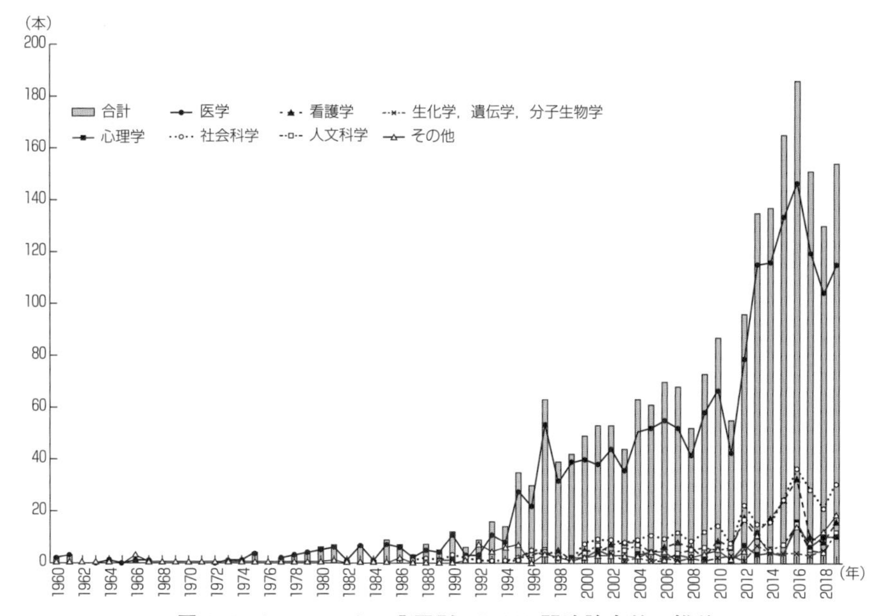

図 1-1　Scopus による分野別 FGM/C 関連論文数の推移

出所：Scopus によるキーワード「Female Genital Mutilation＋Female Circumcision＋Female Genital Cutting」を用いた検索結果から筆者作成．

分野は医学，看護学，社会科学，人文科学，心理学と多岐にわたるが，全体のおよそ8割を医学関係の論文が占めている．

FGM/C に関する論文が増え始めた1990年代はまた，FGM/C 廃絶運動が高揚した時期でもある．それまで FGM/C による健康問題を理由に廃絶を進めてきた WHO をはじめとする国連機関は，1995年に廃絶の理由を FGM/C による女性・子どもの人権侵害に転換した［Boyle 2002; Shell-Duncan 2008］[1)]．また廃絶を主導してきた NGO であるインター・アフリカン・コミッティーは，2003年にいかなる形態の FGM も許容しないとする「FGM のゼロ・トレランス（Zero Tolerance on FGM）」を宣言した［Shell-Duncan 2008］．「FGM のゼロ・トレランス」は国連のアジェンダにもなり，WHO をはじめとする国連機関は2030年までに一切の FGM を根絶するとしている［United Nations 2020］．

このような FGM/C 廃絶運動の流れを見ると，FGM/C が女性にさまざまな健康上のリスクをもたらすことは，自明のことに思われるかもしれない．だが実際には，90年代末から2000年代に至るまで，FGM/C が女性の身体・心理にどのような影響を及ぼすのかについては，十分明らかになってはいなかった．信頼に足る医学的研究が，極めて少なかったのである［Obermeyer 1999］．90年代以降に医学的研究が急激に増加したのは，このような背景があるだろう．

FGM/C 廃絶の理由として，近年では人権問題が重視されている．だがそれも，FGM/C のもたらす健康問題とセットとなることではじめて，ゼロ・トレランスのような強硬な廃絶運動を推し進める根拠となる．本章で近年の医学的研究をレビューするのも，各論に入る前に，まずは最新の研究成果を確認する必要があると考えたからである．

近年の医学的論文の増加にともない，ここ数年でテーマごとに，これまで発表された論文の妥当性を検討するレビュー研究や，信頼に足るいくつかの研究のデータをもとにした再分析がなされるようになってきた．本章ではそれらの研究に依拠しつつ，近年の研究によって明らかにされたことを探る．

第1節では，FGM の身体上のリスクについて，第2節では性機能への影響について，第3節では心理的問題について見ていく．「おわりに」では，現在までに明らかになった知見を振り返り，それをどのように考えたらよいのかについて検討する．

1　FGM/C の身体への影響

はじめに WHO による FGM/C の定義を確かめておこう[2]．FGM とは，「女性外性器の一部もしくは全部の切除，あるいは医学的治療以外の理由で女性性器を傷つける行為」であり，切除の形態によって，タイプⅠのクリトリス切除，タイプⅡの外性器切除，タイプⅢの陰部封鎖，タイプⅣのその他の形態という4つに分けられる（**表 1-1**）．

FGM/C のもたらす健康上のリスクについては，廃絶運動が本格化した 1980 年代から深刻なものとして語られてきた．たとえば WHO によれば，FGM は実施直後の問題だけでなく，その後も長期的な健康上の問題をもたらす．実施直後の問題としては，激痛，大量出血，性器組織の腫れ，発熱，感染などがあり，ひどい時には死をもたらす．また長期的問題としては，排尿障害，膣の感染症，生理困難，出産困難等があるとされる．

だが FGM/C が女性の身体に及ぼす影響を明らかにすることは，決して容易ではない．まず FGM/C がおこなわれている地域で，統計的な有意差が出るだけの一定数以上の被験者を集めなければならない．さらに FGM/C を受けた女性だけでなく，比較のための対照群として，同一の地域から FGM/C を受けていない女性も被験者として集める必要がある．また FGM/C を受けた女性が，どのようなタイプの FGM/C を受けているのかも明らかにする必要がある[3]．明

表 1-1　WHO による FGM の分類

施術タイプ	施術方法
タイプⅠ	クリトリスの一部もしくは全体およびクリトリス包皮の切除，あるいはクリトリス包皮の切除（clitoridectomy：クリトリス除去術）．
タイプⅡ	クリトリスの一部もしくは全体および小陰唇の切除．大陰唇の切除を伴う場合もある（excision：切除術）．
タイプⅢ	小陰唇および大陰唇，あるいは小陰唇か大陰唇のみを切除・接合することによって覆いが作られ膣口を狭める．クリトリスの切除を伴う場合もある（infibulation：性器縫合）．
タイプⅣ	その他，医学的治療以外の目的で女性性器を偽つける施術．たとえば，突き刺す，極小の穴を開ける，切り込む，削る，焼灼といった行為．

出所：WHO［2008］．

らかにすべき健康上の問題を特定するのも，被験者の記憶にたよった場合は不正確になりやすい．調査時に被験者の抱えている問題を，医師によって特定する必要がある．

また身体上のリスクを引き起こす要因は，FGM/C だけではない．被験者の年齢，体格，出産歴，経済上の地位，学歴，居住地，医療施設へのアクセスのしやすさ，FGM/C を伝統的な技法で受けたのか医療施設で受けたのかなど，FGM/C の形態以外で健康状態を左右する要因は多いのである．FGM/C を受けている女性は，一般に社会階層が低く，医療施設へのアクセスが悪い地方に居住しているとする調査結果があるが［Mariam et al. 2009; Maho et al. 2009; Yirga et al. 2012; Bogale et al. 2015］，もしそうであるのなら，これらの要因を考慮に入れなければ，FGM/C が女性の健康にどれほどの影響があるのかを正確に測ることはできないだろう[4]．

このような困難のために，FGM/C のもたらす健康上のリスクに関する報告は，個別的なエピソードを一般化したものや，推測によるものが大半で，必ずしも質の高いものではなかった．1999 年に医療人類学者であるオバーマイヤーは，それまでに報告されていた FGM/C に関する医療研究を再検討し，多くの研究が必要な学術的条件を満たしていないこと，満たしている研究によれば，FGM/C の健康被害は当初の想定よりはるかに軽微なことを指摘している［Obermeyer 1999］[5]．

他方で 2000 年代以降，このような問題を認識した上で，より適切な方法による調査もなされ始めた．WHO は 2006 年に FGM が出産に与える影響についての大規模調査の結果を報告し，タイプⅢ＞タイプⅡ＞タイプⅠ＞非被施術者の順で，母親の病院滞在期間や死産のリスクが高いことを示した［WHO Study Group on Female Genital Mutilation and Obstetric Outcome et al. 2006］．この調査では，十分な数の被験者と対照群が確保されているだけでなく，FGM/C のタイプも調査者が目視して確認しており，さらに調査地，母親の年齢，出産歴，学歴，社会経済的地位が交絡因子として考慮に入れられている．

しかしこの調査は出産のために病院を訪れた妊産婦に対しておこなっているので，出産に関連するもの以外の長期的な健康問題については明らかにされていない[6]．それでは現在，FGM/C の健康被害についてはどのような知見が得られているだろうか．

FGM/C の出産への影響や婦人科的なリスクに関するメタ分析は，2010 年代からいくつかおこなわれているが，ここでは 2020 年に発表された研究を紹介しよう［Lurie et al. 2020］．この研究は，FGM/C のもたらす有痛性後遺症（painful sequelae）に関する研究のメタ分析であり，月経困難，性交疼痛，尿道感染，会陰切開，会陰裂傷，帝王切開，排尿障害，器械的分娩[7]，遷延分娩[8]の頻度，および，女性性機能インデックス[9]の得点を，FGM/C を受けていない女性と，FGM/C を受けた女性それぞれについて比較したものである．なお対象とされたのは FGM/C のもたらす有痛性後遺症に関する量的調査をおこなった 111 の研究であり，FGM/C を受けた女性 7 万 7324 人，受けていない女性 6 万 3949 人のデータが含まれている[10]．

この研究によれば，性交疼痛，会陰切開，会陰裂傷，排尿障害，遷延分娩に関しては，FGM/C を受けた女性のほうが，受けなかった女性よりも，体験する可能性が有意に高い．他方で月経困難，尿道感染，帝王切開，器械的分娩に関しては，統計的な有意差は認められなかった（**表 1-2**）[11]．

この研究は，FGM/C が長期的な健康問題（月経困難や尿道感染等）についてどれほどの影響があるのかを明らかにしたという点で，意義があるだろう（結果的に統計上の有意差は出ていない）．だが FGM/C のタイプによってどのような違いがあるのかという点は，明らかになっていない．これは分析に用いられた先行

表 1-2　有痛性後遺症の FGM/C を受けた女性と受けない女性の差

障害	FGM を受けた女性・受けていない女性のオッズ比	p	有意差
月経困難	1.66	0.06	−
性交疼痛	2.47	0.01	＊＊
尿道感染	2.11	0.10	−
会陰切開	1.89	0.01	＊＊
会陰裂傷	2.63	0.01	＊＊
帝王切開	1.51	0.37	−
排尿障害	1.43	0.01	＊＊
器械的分娩	1.18	0.40	−
遷延分娩	2.04	0.01	＊＊
女性性機能インデックス	−0.44（得点差）	0.04	＊

注：＊＊は 1％水準で統計学的に有意．＊は 5％水準で有意．
出所：Lurie et al.［2020］の一部を改変．

表 1-3　タイプ別に見た FGM/C による長期的な健康上のリスク（ガンビア）

	非 FGM/C		タイプⅠ		タイプⅡ			有意差
	ケース数	%	ケース数	%	ケース数	%	p	
月経困難	48	34.5	188	58.2	71	67.6	＜0.001	＊＊
尿道感染	20	14.4	63	19.6	46	44.2	＜0.001	＊＊
性器疼痛	7	5.0	56	17.4	41	39.8	＜0.001	＊＊
膣分泌物	40	28.8	166	51.4	63	60.6	＜0.001	＊＊
性交疼痛	18	12.9	95	29.3	60	57.1	＜0.001	＊＊
性交時・性交後出血	3	2.2	17	5.3	33	31.4	＜0.001	＊＊
性交時挿入困難	8	5.8	49	15.1	53	50.5	＜0.001	＊＊

注：＊＊は 1 %水準で統計学的に有意.
出所：Kaplan et al. [2013] の一部を改変.

研究の多くが，被験者の FGM/C のタイプを明らかにしていなかったためである.

実際に長期的な健康問題に関して，FGM/C のタイプ別に明らかにした研究は少ない．先のメタ分析が対象とした研究のうち，2010 年以降にアフリカでおこなわれた調査で唯一 FGM/C のタイプ別に長期的な健康問題を明らかにした研究があるので，その結果を補足のために提示しておこう［Kaplan et al. 2013］.

これはガンビアでおこなわれた調査で，588 人の妊産婦検診あるいは出産のために訪れた患者を対象とし，そのうち分析の対象とした被験者数は 570 人だった（FGM/C を受けていない被験者 139 人，タイプⅠ 326 人，タイプⅡ 105 人）．出産時の問題とそれ以外の長期的な問題が明らかにされているが，ここでは後者を要約して示しておく（**表 1-3**）.

この調査では，月経困難，尿道感染，性器疼痛，膣分泌物の漏出のいずれにおいても，FGM/C を受けていない女性に比べ，FGM/C を受けている女性のほうがこれらのリスクに遭遇する確率が有意に高いとされている．またタイプⅠとタイプⅡを比較すると，タイプⅡのほうが健康上のリスクを受けやすいことが分かる．FGM/C の施術が重くなるほど，健康上のリスクに遭遇する確率が高くなるという点で，WHO の研究結果と一致している.

2　性機能に対する影響

FGM 廃絶運動では，FGM/C が女性の性機能を損なうという点が，FGM/C

が女性にもたらす大きなリスクのひとつと指摘されている．WHO は FGM/C に関するパンフレットで，「特にクリトリスのような非常に繊細な性器組織の除去または損傷は，性的な感受性に影響を及ぼし，性的な喜びの減少や性交時の痛みといった性的な問題をもたらす．傷痕の形成や疼痛，FGM に関連する心的外傷（トラウマ）の記憶も，またこのような問題を引き起こす可能性がある」［WHO 2008］と述べている．

実際に，FGM/C が女性の性機能におよぼすマイナスの影響に言及する研究は多い［El Dareer 1982］．だが他方で，FGM/C を受けた女性であっても性機能は損なわれないとする研究もなされている［Lightfoot-Klein 1989; Ahumad 2007; Catania et al. 2007］．

本節では，2012 年に発表された性機能に関するメタ分析を紹介し，FGM/C が女性の性機能にどのような影響を及ぼすと考えられているのかを明らかにする．ただしこの分析では FGM/C のタイプ別の影響が明らかにされていない．そこで補足として，この研究以降に出版され，FGM/C のタイプ別に性機能への影響を調査した研究を取り上げ，紹介することにする．

2012 年に発表されたバーグらによる研究は，FGM/C を受けている女性と受けていない対照群を用いた研究のうち，基準を満たした 15 の研究をもとに，FGM/C の性機能への影響についてメタ分析をおこなっている［Berg et al. 2012］．取り上げている項目は，「性交疼痛」，「性的充足」，「性的欲求の欠如」，「セックスにおける消極性」，「オルガズムの欠如」，「クリトリスが身体で最も敏感な部位」，「胸が身体で最も敏感な部位」の 7 項目である．結果は FGM/C を受けた女性と受けていない女性の間のリスク比で表されている（**表 1-4**）．

この表から，FGM/C を受けた女性は受けていない女性に比べて，性交疼痛を持ちやすく，性的充足度は低いことが分かる．また性的欲求も少なく，クリトリスを身体で最も敏感だとも感じにくい．他方でセックスにおける消極性，オルガズムの欠如，身体で胸が最も敏感だと感じることに関しては，FGM/C を受けていない女性との間に統計的な有意差はない．

このメタ分析の著者たちも述べていることだが，2012 年時点で利用できる研究は必ずしも質の高いものではなかった．得られた結果もわかりやすいものではない．明らかになったことは，繰り返しになるが，FGM/C を受けている

表 1-4　FGM/C を受けていない女性と受けた女性の性機能上のリスク比

	非 FGM/C 女性と FGM/C 女性のリスク比	p	有意差
性交疼痛	1.52	0.003	＊＊
性的充足	−0.34(注1)	0.002	＊＊
性的欲求の欠如	2.15	0.008	＊＊
セックスにおける消極性	0.94	0.65	−
オルガズムの欠如	1.50	0.10	−
クリトリスが身体で最も敏感な部位	0.55	0.007	＊＊
胸が身体で最も敏感な部位	0.91	0.60	−

注 1：平均得点の差
注 2：＊＊は 1%水準で統計学的に有意.
出所：Berg et al. [2012] の一部を改変.

女性はそうでない女性に比べて，性交疼痛を持ちやすく，性的充足度は低く，性的欲求も少ないということである．だが性的主体性やオルガズムに関しては，有意な差がみられない．また FGM/C のタイプによる違いもわからない．

そこで，これ以降になされ，性機能への影響を FGM/C のタイプごとに分析した研究を見ることにしよう．これらの研究は，「女性性機能インデックス（FSFI: Female Sexual Functioning Index）」を用いている．「女性性機能インデックス」は，米国のロウズンらによって開発され 2000 年に発表された 19 項目の尺度で，性欲（desire），性的興奮（arousal），膣潤滑（lubrication），オルガズム（orgasm），性的満足（satisfaction），性交疼痛（pain），の 6 領域について，過去 1 か月の状況を質問することにより，性機能を得点化する尺度である［高橋 2011］．各領域は，2 ～ 4 問の質問から成り，質問の回答に応じて 0 ～ 5 点のスコアがつけられる[12]．総合点は，各領域の得点の合計に，0.3～0.6 の係数をかけて算出され，最高点が 36 点となるように設計されている．**表 1-5** にそれぞれの調査で報告されている FGM/C のタイプ別の総合点を示しておいた[13]．

バージらの調査は，スーダンのダルフールで，病院の女性労働者および患者に対しておこなわれたものである［Birge et al. 2017］．FGM/C を受けていない女性 29 人，タイプⅠ 49 人，タイプⅡ 107 人，タイプⅢ 54 人が被験者となっている．被験者の FGM/C の形態は，診察によって確認された．性交疼痛を除くすべての項目において，得点の順位は非 FGM/C＞タイプⅠ＝タイプⅡ＞タイプⅢという結果になっている．なおこの研究は，被験者間の得点の比較で，

表 1-5　FGM/C のタイプごとにみた女性性機能インデックス総合点の差

	非FGM	タイプⅠ	タイプⅡ	タイプⅢ	非FGM/タイプⅠ有意差	タイプⅠ/タイプⅡ有意差	タイプⅡ/タイプⅢ有意差	調査地，調査対象者
Birge et al. [2015]	24.4	20.3	20.2	16.7	有	無	有	スーダン（ダルフール）
Sahar et al. [2017]	23.3	20.3	18.6	−	有 p=0.00	無 p=0.18	−	エジプト
Rouzi et al. [2017]	−	26.8	21.6	14.9	−	有	有	サウジアラビア（スーダン移民）

出所：Birge et al. [2017]，Sahar et al. [2017]，Rouzi et al. [2017] から作成.

交絡因子の影響は考慮に入れられていない.

サハルらの調査はエジプトで，大学病院の皮膚科・産婦人科を訪れた女性の患者を対象におこなわれた [Sahar et al. 2017]．この調査には，非FGM/C 197 人，タイプⅠ 145 人，タイプⅡ 52 人で，タイプⅢの施術を受けた女性は含まれていない．FGM/C の形態は，診察によって確認された．なお分析で交絡因子を考慮した調整はおこなわれていないが，FGM/C を受けた女性と対照群の女性たちのあいだには，年齢，学歴，居住地，出産歴に違いはなかったとされている．結果は各項目において，非 FGM/C＞タイプⅠ＞タイプⅡの順で高得点となっている.

ラウジらの調査は，サウジアラビアの婦人科クリニックを訪れたスーダンからの女性移民を対象におこなわれた [Rouzi et al. 2017]．この調査で FGM/C を受けた女性のみが含まれており，タイプⅠが 42 人，タイプⅡが 27 人，タイプⅢが 38 人である．分析では年齢，学歴，出産歴が交絡因子として考慮に入れられている．FGM/C の形態は自己申告によっている．結果は各項目において，タイプⅠ＞タイプⅡ＞タイプⅢの順で高得点となっている.

これらの調査は「女性性機能インデックス」という定型化された方法を用いてなされており，それが異なった地域でおこなわれた調査間の比較を可能にしているとされる．だが性にまつわる評価は地域や文化ごとに多様であるのに，これらの質問項目は西欧におけるセクシュアリティを基準にして作成されており，そのためこのインデックスを FGM/C をおこなっている地域の女性にそのまま用いることは適切ではないという批判もなされている［Einstein et. al. 2019: 45］.

3　心理的影響

FGM/C の心理的影響については，心的外傷後ストレス障害（PTSD），不安，うつ，記憶喪失などの症状が現れやすいと指摘されてきた［WHO 2008］．しかし心理的影響については，FGM/C のタイプだけでなく，なされた時期，被験者の住んでいる社会の価値観，PTSD の原因となる他の経験など，多くの交絡因子があり，正確な測定は難しい．ここでは 2019 年になされた FGM/C のもたらす心理的な問題に関するレビュー論文を参照し，現在どのようなことが明らかにされているのかを見ることにする［Abdalla et al. 2019］．またこのレビュー論文では FGM/C のタイプ別の心理的影響は示されていないので，それを明らかにしようと試みた 2018 年のエチオピアにおける研究で補足する［Köbach et al. 2018］.

このレビュー研究は，2018 年末までに発表された FGM/C が女性の心理に与える影響についておこなわれた調査をサーベイしており，そのなかで量的なデータを扱う 16 の調査をメタ分析の対象として抽出している．調査がおこなわれた地域に関しては，被調査者の出身地でおこなわれたものが 10（エジプト（2），エチオピア（1），イラン（3），イラク（1），イスラエル（1），クウェート（1），セネガル（1）），移民先でおこなわれたものが 6（ギリシア（1），オランダ（2），スペイン（1），アメリカ合衆国（2））だった．すべての調査が横断研究（cross-sectional study）であり，被験者を長期にわたって観察する調査はおこなわれていない[14)]．そのために被験者の心理状態に大きな影響を与える過去のトラウマ的体験については，ほとんどの研究で明らかにされていなかった．また対照群を用いた調査は 11 で，残りの 5 つの調査は対照群を用いていなかった．被験者の心理状態の測定方法は研究によってさまざまであり，全体では 5 つの異なる測定方法が用いられていた．

著者たちはこれらの研究を調査設計や調査方法に関して評定しているが，良い（good）と評定したものが 1 つだけ，普通（fair）9 つ，悪い（poor）としたものが 6 つだった．また調査の偏りに関しても被調査者の代表性，対照群との比較，結果の評定方法の妥当性の3点から評定しているが，被調査者の代表性では2研究，対照群との比較では4研究，結果の評定方法では8研究に問題ありとした．

このように現在までにおこなわれている心理学的研究の質は必ずしも高いものではなく，各研究の心理状態の測定方法も異なっていた．そのため著者たちはデータを統合したメタ分析をすることはあきらめ，それぞれの研究が提示した結果を，抑うつ，不安，PTSDに分けて述べるにとどめている．

FGM/Cが抑うつを引き起こすか否かに関して触れている11の研究のうち，対照群を用いた上で「有り」とした研究が6（うちふたつは統計的な有意差を認めなかった），対照群を用いずに「有り」とした研究が3，対照群の有無にかかわらず「なし」とした研究が2だった．不安に関して触れている11の研究のうち，対照群を用いた上で「有り」とした研究が6，対照群を用いずに「有り」とした研究が3（うちひとつは統計的有意差を認めなかった），対照群の有無にかかわらず「なし」とした研究が2だった．PTSDに関して10の研究が触れており，対照群を用いた上で，「有り」とした研究が6（うちふたつは統計的有意差を認めなかった），対照群を用いずに「有り」とした研究が3，対照群の有無にかかわらず「なし」とした研究が1だった（**図1-2**）．

著者たちはこれらの調査のレビューから，現状の研究の質は必ずしも高くな

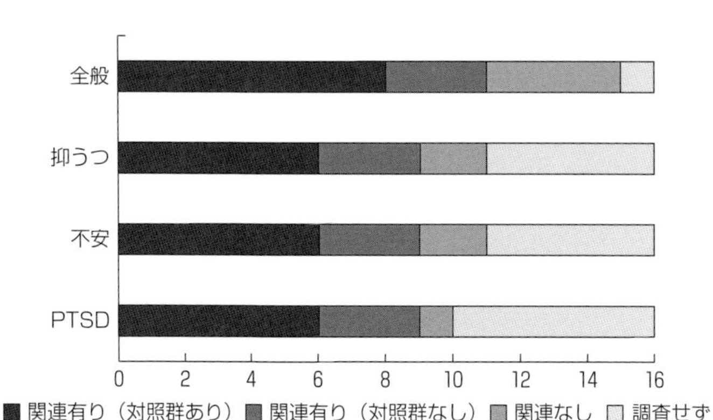

図1-2　FGM/Cが負の心理的影響に関連ありとした調査数（全16調査）
出所：Abdalla et al. [2019].

く，心理状態の測定方法の改善，FGM/C のタイプごとの分析，トラウマ体験をはじめとする交絡因子の分析等，今後の課題は多いとしている．だが，FGM/C が被施術者に心理的な悪影響をおよぼすことは明らかだとしている．

次にこのレビューが取り上げている研究のうち，アフリカでおこなわれ，なおかつ FGM/C のタイプごとの心理的影響を探った研究を見てみよう［Köbach et al. 2018］．この研究は，調査方法に関しても，唯一「良い」とされたものである．

この研究はエチオピア西部のジジガで 2010 年におこなわれた．被験者は 165 人の女性で，非 FGM/C が 18 人，タイプⅠが 60 人，タイプⅡとⅢがあわせて 87 人，FGM/C のタイプは自己申告によっている[15)]．

この研究の特徴は，FGM/C の心理的影響を測定する際の重要な交絡因子として，FGM/C 以外のトラウマ的体験を考慮に入れている点である．これには幼少時の身体的，言語的，感情的，性的な体験に加え，結婚後の配偶者等からの暴力等も含まれている．またストレスホルモンである毛髪中のコルチゾールの含有量を調べ，調査までの 1 か月間に受けたストレスの強さを測定している点も，他の研究とは異なる点である．

結果は**表 1-6** のとおりである．FGM/C のタイプ間の比較では，非 FGM/C

表 1-6　FGM/C が心理面に及ぼす影響

	非 FGM/C	タイプⅠ	タイプⅡ＋Ⅲ	有意差
毛髪中コルチゾール	28.3 pg/mol	29.4 pg/mol	31.6 pg/mol	–
PTSD スコア	1.2	0.8	5.7	＊＊
PTSD 診断	5.6%	0％	18.4%	＊＊
遮断乖離（shut down dissociation）スコア	0.1	1.0	2.3	＊＊
抑うつスコア	18.5	18.2	22.5	＊
抑うつの経験	0％	0％	12.6%	＊＊
不安スコア	11.7	11.6	14.1	＊＊
物質依存症	11.1%	6.7%	4.6%	–
物質濫用	0％	1.7%	1.1%	–
自殺念慮	0％	8.3%	10.3%	–
精神病性障害	0％	0％	2.3%	–

注：＊＊は 1％水準で統計学的に有意．＊は 5％水準で有意．
出所：Köbach et al.［2018］から一部を改変．

の被験者数が少ないため，タイプⅠとタイプⅡ＋Ⅲの間の比較となっている．施術の度合いが重いタイプⅡ＋Ⅲは，タイプⅠと比較すると，PTSDのスコア，PTSDと診断された被験者の割合，トラウマの強さを示す遮断乖離スコア，抑うつスコア，抑うつの経験者，不安スコアにおいて，高い値を示している．

またFGM/C以外のトラウマ的経験を考慮に入れて分析をすると，トラウマ的な経験が多くなるほど，タイプⅠの被験者よりもタイプⅡ＋Ⅲの被験者の方が，より高い心的外傷の値を示した．FGM/Cの施術の形態が重いほど，トラウマ的経験が増幅され，PTSDをもたらしやすいことが明らかになったとしている．

毛髪中のコルチゾールの値は被験者の1か月ほどのストレスを示しているが，タイプⅡ＋Ⅲの施術を受けた被験者，およびタイプⅠのうち1歳未満で施術を受けた被験者で有意に高かった．これはどのように解釈できるだろうか．

タイプⅡ＋Ⅲのコルチゾールの値が高いことは，これらの被施術者においてPTSDや抑うつ等の心理的問題が大きいことと関連して解釈できる．他方で，1歳未満でタイプⅠの施術を受けた被験者に関しては，次のように解釈できるとする．言語化能力を持つ以前の苦痛な体験が，その後も繰り返しストレスをつかさどる視床下部－下垂体－副腎系（HPA axis）に働きかけ，健康に負の影響を及ぼすことが他の研究で明らかにされている．1歳未満でタイプⅠのFGM/Cを受けた女性たちにも，同様のメカニズムが働き，意識されないFGM/Cによる苦痛の経験が，現在の心理的問題に影響を与えているのではないか，と考えられるという．

おわりに
――FGM/Cの医学的・心理学的リスクをどのように考えるべきか――

FGM/Cが身体・性・心理にどのような影響を与えるのかについて，近年の医学的研究を見てきた．

2000年代前半までは，FGM/Cのリスクについては十分に明らかにされてはこなかった．2010年代以降の研究を主とする今回のレビューでも，被験者が十分な数に達していない，対照群が設定されていない，交絡因子が分析に取り入れられていない，FGM/C の形態別の分析がなされていない，FGM/C の形態が被験者の自己申告によっているなど，多くの調査で問題が見られた．それでも 2000 年代前半に比べると，研究の質・量ともに向上していると言えよう．そこで明らかになったことは，施術の形態が重いほど，身体・性機能・心理に与える負の影響は大きい傾向があるということである．調査の精度をあげれば，形態ごとの差異はより明確に出るだろうが，全体の傾向が変わることはないだろう．

他方で，このような統計的な手法を用いた医学的調査の研究結果を見る場合，次のような注意が必要ではないかと思う．

ひとつ目は，統計的な有意差を絶対的なものとは考えないということである．本章では，取り上げた論文に提示されている集団間の統計上の有意差を各表に示しておいた．言うまでもなく，統計的な有意差は，被験者の数が少なければ，集団間の平均に大きな差があっても出にくいし，被験者の数が多いと，わずかな差でも出る．だから FGM/C の調査のように被験者を十分集めることが困難な場合は，たとえ有意差が出ていなくても，適切な規模で比較をした場合は，FGM/C を受けた集団と受けていない集団間に差が出る可能性も考えておく必要があるだろう．

ふたつ目は，統計的な有意差が出ている場合も，それがどのような意味を持つのかを，もう一度実際の文脈に置きなおして考えてみる必要があるということだ．たとえば，2006 年に発表された WHO の報告は，大規模調査の見本のような研究である．2 万 8000 人余りの被験者を対象にしておこなわれたので，わずかな差でも有意差が出る．この研究でしばしば引用されるのは，FGM/C の形態ごとの死産の割合である．FGM/C を受けていない女性を 1 とした場合，死産のリスク比はタイプⅠで 1.15，タイプⅡで 1.32，タイプⅢで 1.55 となっている．[16]

タイプⅠの FGM/C が多い国を例にとろう．この国では，100 出産あたりの死産率が 0.3 としよう．仮に全女性が FGM/C を受けないとするのなら，100 出産あたりの死亡率は 0.26 となり，0.04 下がることになる．もし FGM/C に何の社会的意義も認められていないのなら，0.04 は無意味なリスクだろう．ある行為がリスクを含んでいても，そのリスクは社会的な文脈のなかで妥当性を判断されるべきだろう．

ここでさらに，同じ社会のなかにある他のリスクとの比較も必要になってくるだろう．現在アフリカのほとんどの国々（およびアフリカからの移民を受け入れている欧米諸国の多く）では，FGM/C は法律によって禁じられており，施術者に対しては刑法が適用される．他方で1日あたり10本以上の喫煙をする妊婦による死産率は，タイプⅢの死産率とほぼ同じ1.5であるが［Marufu et al. 2015］，それを禁ずる法律はない．

このようなダブルスタンダードは，FGM/C と類似した他の慣習・行為との比較で，より鮮明になる．現在日本や欧米の先進国では女性器の美容整形がおこなわれている（コラム2を参照）．女性器美容整形では，外性器の切除や膣の縫合もおこなわれている．他方で FGM/C の医療化は進み，施術が病院やクリニックでおこなわれる場合も多い．このような状況で，美容整形と FGM/C の差は，見分けがたくなっている．日本や欧米だけでなく，ガーナ，エジプト，南アフリカでも，性器の美容整形をするクリニックが現れているという［Boddy 2016］．同一の社会のなかでおこなわれるこれらの行為の間の分割線を，だれが，どのような根拠で，どのように引けば妥当なのか．同様なことは，男性割礼との比較についても言えるだろう．男子割礼はイスラム圏やアフリカだけでなく，北米でもさかんにおこなわれ，FGM/C と異なり欧米人にとってもなじみのある慣習である[17)]（コラム1を参照）．これらの施術を，FGM/C と同じくリスクがあるとして一様に否定すべきなのか．それとも，FGM/C も含めて，その社会的意義を検討すべきなのか．それとも，何らかの理由をつけて区別すべきなのか．

本章では現在までに明らかになっている FGM/C の身体・性・心理へのリスクについて検討してきた．しかしその是非の判断は，リスクを表す医学的な数値だけでなく，社会的な文脈に置きなおしたうえでの考察が必要になるだろう．そしてゼロ・トレランス政策のように多様な慣習を一概に否定するのではなく，それぞれの固有な文化・慣習をどのように許容／否定するのか，女性・子どもの権利をどのように考えるのか，さらには FGM/C 廃絶の流れを国際的な政治経済と権力関係のなかでどのようにとらえるのかを，考えなければならないだろう．そのためには医学的・心理学的な視点に加え，人文・社会科学的な視点も必要となってくるはずだ．

注

1）FGM/C の健康上のリスクを過度に強調することは，廃絶運動にとって逆効果だったこと，また FGM/C の医療化の進展によって，健康上のリスクを強調することの意味が薄れたことがその理由だった［Boyle 2002: 55］.

2）本書では女性器切除の略称として FGM/C を用いているが，WHO では FGM としているため，以下の WHO の施策に関する部分では，FGM という略称を用いる.

3）自己申告による FGM/C のタイプは，WHO による分類としばしば異なっている．スーダンにおける調査では，タイプⅠと自己申告した被験者のうち 48%が実際にはタイプⅢの FGM/C を受けていた．またタイプⅢに分類される FGM/C でも，切除されている性器の範囲は多様であり，タイプⅡともタイプⅢともつかないものが多かった［Elmusharaf et al. 2006］.

4）このように，特定の要因と相関し，表面に現れた結果を背後で規定している要因を，交絡因子という.

5）オバーマイヤーが指摘しているいくつかの学術論文の問題点は，下記のようなものであった．対照群が設定されていない．長期的な健康問題に関しては被験者の記憶によっており，それが数年前のものから数十年前のものまでを含んでいる．被験者のサンプリング方法が明らかにされていない．サンプルのサイズが推論をおこなうには小さすぎる．どのような集団に属しているのかが明らかにされていない単一のケースに依っている．被験者が FGM/C を受けているのか否かが明らかでない．合併症の記述が不明瞭．論文中で言及されるサンプルのサイズが，異なっている.

6）ブルキナファソ，ガーナ，ケニア，ナイジェリア，セネガル，スーダンの 28 の産科施設で 2 万 8300 人余りの妊婦を対象におこなわれた．対象者は FGM/C を受けていない妊婦（25%），タイプⅠ（24%），タイプⅡ（27%），タイプⅢ（23%）の割合だった．受診施設，年齢，出産歴，学歴，社会経済的地位，都市/地方在住，病院への到達時間，身長，妊婦検診の有無が交絡因子として考慮された．死産のリスク比では，非 FGM＝1，タイプⅠ＝1.15，タイプⅡ＝1.32，タイプⅢ＝1.55 という結果だった.

7）鉗子の使用や吸引による分娩.

8）分娩において陣痛はあるが，子宮口の拡大や胎児の下降が異常に遅い場合のこと.

9）第 2 節を参照のこと.

10）対象とされた研究がすべての分析項目を含むわけではないので，参照される研究と被験者の数は，分析項目ごとに異なっている.

11）この研究では，FGM/C を受けている女性と受けていない女性の間での身体的リスクの差を，オッズ比で表している.

	性交疼痛あり（人）	性交疼痛なし（人）	合計（人）
FGM/C 女性	a	b	a+b
非 FGM/C 女性	c	d	c+d

オッズは，上記の表で見ると，性交疼痛ありの人数と性交疼痛なしの人数の比（a/b）をあらわす．仮に a＝20，b＝80 なら，FGM/C を受けた女性で性交疼痛をもつ女性は，持たない女性の 20÷80＝0.25 倍であると言うことができる．リスクは，全体の人数のうちそのリスクをもつ人の割合（a/(a＋b)）で表す．この場合，20÷(20＋80)＝0.2 となり，FGM/C を受けた女性のうち 20％が性交疼痛をもつということになる．

オッズ比は，上記の表では，FGM/C を受けた女性と受けていない女性のオッズの比を表す．c＝10，d＝90 とすると，受けていない女性のオッズは，10÷90＝0.11 なので，オッズ比は，FGM/C を受けていない女性を基準とすると，0.2÷0.11＝1.8 となる．

リスク比は，上記の表では FGM/C を受けている女性と受けていない女性のリスクの比を表す．FGM/C を受けていない女性が性交疼痛を持つリスクは，10÷100＝0.1 なので，リスク比は，FGM/C を受けていない女性を基準とすると，0.2÷0.1＝２となる．

12）たとえば，この調査票の最初の質問は「性欲」に関するもので，「ここ３ヶ月，どのくらいの頻度で性欲または性的な関心を感じましたか」というものである．被験者はこれに「１．ほとんどあるいはまったく感じなかった」から「５．ほぼ常にあるいは常に感じた」までの５段階の選択肢のひとつを選ぶことで回答をおこなう．

13）論文中において，タイプ間で有意な差があるとしながら数値を示していないものは，**表 1-5** では有意差「有」とした．

14）ある特定の対象に対して，疾患や障害における評価，介入効果などをある一時点において測定し，検討をおこなう研究．

15）タイプⅡの被験者は８人のみであったので，分析ではタイプⅢ（79 人）と同じカテゴリーに入れて分析されている．

16）死産率はエジプトのものであるが，エジプトにおけるタイプ別 FGM/C の施術割合は調査によって異なっている．本文の例は，あくまで思考実験として提示している．

17）男子割礼（male circumcision）については，そのリスクと有用性をめぐって議論がおこなわれている［Earp 2015; Darby 2015］．

Column 1 男子割礼／包皮切除

ヘロドトスの『歴史』に登場する「男子割礼（MC: male circumcision）」の歴史は，少なくとも古代エジプトまで遡ることができる．紀元前2423〜2262年に作られたとみられる墓にはペニス包皮の切除場面を描写した壁画が残されており，傷痕が確認できるミイラも発掘されている．また，旧約聖書『創世記』には「アブラハム契約（神との契約のしるし）」に関する記述があり，ユダヤ教やイスラム教にとって「男子割礼」は重要な宗教儀式であり続けている．キリスト教では，『ルカ福音書』にイエスが「生後8日目」に割礼を受けたとの記述があるものの，早くも初代教会時代に「キリスト者になるために割礼は必要ない」との決断が下されたため（ごく一部を除いて）宗教儀式としてのMCはおこなわれてこなかった．アジア・オセアニア地域にも，古くから成人儀礼としておこなわれてきた「男子割礼」の例がある．現在ではこれが社会規範化・同調圧力化していると言うべきなのだろうが，15歳以上男子のほぼ全員が「割礼」しているとも言われるフィリピンでは，より安全・衛生的におこなうことを目的として，保健医療関係者が学校などに出向く「集団割礼」が無償提供されている．

さらにこうした宗教儀式や成人儀礼とは別に，保健衛生上のメリット（マスタベーション防止を含む）を理由にMCがおこなわれてきた例もある．ペニス包皮のデメリットに関する医学言説は19世紀半ばに登場して英語圏を中心に広がったが，今日もMCをルーティン化し続けているのは米国のみである．その証拠に，MC経験率が20%未満と推計される西ヨーロッパ諸国に対して，米国のそれは76〜92%と突出して高い［WHO/UNAIDS 2007］．ちなみに，第二次世界大戦後の韓国で一時的に特定の年齢層におけるMC経験率が90%に急増する現象が起きたのだが，これも米国の影響だと推察されている［Kim et al. 2012］．

さて，女性器切除（FGM/C: female genital mutilation/cutting）あるいは「女子割礼」（FC: female circumcision）については，これを非人道的かつ明確な人権侵害であるとして積極的な廃絶運動が展開されているわけだが，施術による死亡事例やペニスの完全喪失につながる医療事故が跡を絶たず，そうでなくとも術後の後遺症に苦しむ多くの男性たちがようやく声を上げ始めてなお，MCをめぐる国際世論の動向はこれとまったく異なる様相を呈してきた．そもそも，身体のインテグリティ（完全性・不可侵性）と信仰の自由という2つの人権課題が切り結ぶこの問題については，議論の遡上にのせることさえ困難な状況がある．さらには，1990年代にさかのぼって米国の小児泌尿器科学会などが性感染症の予防効果を喧伝してきたことに加え，2007年に同じく米国国立衛生研究所がアフリカで実施した大規模調査によってHIV感染予防効果が確認されたとの報告がなされたことが決定打となり，世界保健機関（WHO）や国連エイズ合同計画（UNAIDS）も大規模な資金を投入して，調査研究を継続しているところである．

さまざまに状況・条件が異なるFCとMCを同列に議論すべきではないという声には一理あるとしても，非同意かつ不可逆的介入として実施される性器切除については，非同意に実施されるインターセックス児の外性器切除の例を含めて，議論を重ねていく必要がある．これについては，私自身が執筆者に加わった「医療上不要な性器切除と子どもの権利：コンセンサスに向けて」［The Brussels Collaboration on Bodily Integrity 2019］を参照していただきたい．

東　優子

Chapter 2

国際社会のルールと家父長制社会の規範
――ゼロ・トレランス政策を超えて――

戸田真紀子

はじめに

本章の目的は，数十年にわたり国際社会がFGM[1)]廃絶のための努力を重ねてきたにもかかわらず，完全な廃絶には未だ至っていない理由を検証し，国連の進めるゼロ・トレランス政策を再検討することにある．国際社会がFGM廃絶を訴えてから40年以上経っても，ゼロにはなっていない．FGMはアフリカ人女性自身の選択により，いずれは姿を消すだろう．ただし，子どもたちへの施術の廃絶は喫緊の問題であると考える．しかし，国際社会が進めてきたゼロ・トレランス「政策」は，一定の成果は挙げながらも，完全な廃絶には成功していない．これまでと同様の政策を続けるだけでは，FGM廃絶は難しいのではないだろうか．

本章では，まず，国際社会のルールとその成果を概観する．その上で，なぜ廃絶を受け入れられない地域があるのかを検証し，地域の多様な状況に沿った適切な政策を考えるために，ポジデビと呼ばれる手法を紹介する．

1　ゼロ・トレランスという打開策

(1) なぜ，ゼロ・トレランスか――人権侵害としてのFGM

本書では，さまざまな民族におけるFGMの例が紹介されている．筆者の調査地であるケニア北東部のソマリ社会で長く続いたタイプⅢ（陰部封鎖）のように，死の危険と隣り合わせの施術もある．調査地でのインタビュー（2005年）では，中等学校の教員から，陰部封鎖により月経時に激痛が走り，女子生徒の中退の原因になっていることを聞いた．リスクが最も高まるのは，出産時である．陰部封鎖を受けた妊婦の分娩が長時間にわたり，難産や死産，大量出血や敗血症による妊産婦死亡まで引き起こすことを聞いた．

国連人口基金（UNFPA）は，FGM が（国際慣習法である）世界人権宣言の第 1 条（自由平等），第 2 条（性差別の禁止），第 3 条（生命，自由，身体の安全），第 5 条（拷問等の禁止），第 25 条（健康への権利）に違反していると指摘している［UNFPA 2014: 28-33］．さらに FGM，特にタイプⅢがもたらす生理時の激痛が毎月 1 週間の欠席，もしくは中退理由となることを考えると，第 26 条（教育の権利）にも違反しているといえる．後述する FGM 廃絶のための 2012 年の国連総会決議（A/RES/67/146, UNGA 2012）は，子どもの権利条約と女性差別撤廃条約とその選択議定書に，2011 年の欧州議会決議では，世界人権宣言，国際人権規約自由権規約，女性差別撤廃条約，子どもの権利条約，拷問等禁止条約，子どもの権利と福祉に関するアフリカ憲章（African Charter on the. Rights and Welfare of the Child）などに言及している．

他方で，ケニア北部のサンブルのように，FGM がタイプⅡからタイプⅠに移行している地域もあり，少女たちは望んで FGM を受けるという．サンブルの女性たちにとって，FGM は健康被害をもたらすものではなく，他の痛みに比べれば軽いものであって，人権侵害とも受け取っていない（第 5 章参照のこと）．程度が軽く，少女たちが望めば，FGM は存続してもよいのだろうか．最終的に決断するのは，当事者である女性である．自らの民族の伝統を非難するゼロ・トレランス政策への反発もあると聞いているが，国際社会は次のような理由で，ゼロ・トレランスを主張している．

国際社会の視点では，FGM はふたつの理由から廃絶されなければならない．第一は，FGM の背景にある家父長制社会の問題である[2)]．UNHCR によれば，FGM は「性とジェンダーに基づく暴力（SGBV: sexual and gender-based violence）」に含まれる［UNHCR 2015: 2[3)]］．「家父長制の価値観を強く維持している社会では，〔……〕平時には，男性は，家庭や社会で支配的な立場を維持するために，SGBV を用いて『男であること』を誇示する」［戸田 2019: 52］．FGM は，男性が「家庭や社会で支配的な立場を維持するために」用いる道具のひとつである．

日本社会においては，1995年の第4回世界女性会議（北京女性会議）以降，家庭内暴力（DV）が廃絶すべき人権侵害としてやっと認識されるようになったが，このDVや児童婚（18歳未満の婚姻．少女から就学の機会を奪う），名誉殺人と同様に，FGMは家父長制社会を維持するための歯車であり，軽い施術を含めて，廃絶の対象とすべきである[4]．

国際社会がFGM廃絶を訴えるもうひとつの理由は，施術の対象とされているのが圧倒的に未成年の少女たちであり，彼女たちが，自身の体と心にどのような結果をFGMが残すのかについての説明を施術前に受けていないことにある．未成年者に対して十分な説明も本人の同意もないままに，命が奪われるかもしれない施術がおこなわれ，実際に後遺症や死産，妊産婦死亡の原因になっていることが問題なのである．そのため，FGMがもたらす心身へのリスクを熟知した成人女性がこの施術をおこなうことについては本章の対象から外している．

なお，これから本論に入るが，あらかじめ読者にお願いしておきたいことがある．SDGsでは，FGMなど有害な慣行を廃絶するためには家父長制社会の価値観も廃絶しなければならないとしている．日本にはFGMという慣習は存在しないが，家父長制社会の価値観によって女性の人権がさまざまな形で侵害されている．アフリカでFGMという野蛮な行為がおこなわれているという受け止め方をするのではなく，日本でも家父長制社会を背景とした慣習が残っていることを確認してほしい．アフリカ社会と日本社会は共に家父長制社会であり，私たちも「文化的・心理的なクリトリデクトミーの犠牲者である」ということを考えながら，本章を読み進めていただきたい[5]．

(2) ゼロ・トレランスへの道のり――国際社会とアフリカの取り組み

国際社会及びアフリカの人びとはFGM廃絶に向けてさまざまな努力をしてきた．植民地時代の政府や教会による介入は伝統文化への介入として強い反発を受けたが（序章，第3章参照），1960年代以降，エジプトのナワル・エル・サーダーウィや，後述する「女性と子どもの健康に影響を与える伝統的慣行に取り組むアフリカ間委員会（IAC: The Inter-African Committee on Traditional Practices affecting the Health of Women and Children）」のように，FGMを非難する声がアフ

表 2-1　FGM に対する国際社会とアフリカの取り組み

年	主催	主要な出来事／成果	内容／課題／背景
1979	WHO	「女性と子どもの健康に影響を与える有害な伝統的慣行」に取り組む初めてのセミナーが開催（ハルツーム，スーダン）	すべての形態の FGM の廃絶が決議される一方，程度の軽いタイプや医療化容認の声も強かった［WHO 1979］
1984	IAC	IAC の結成（ダカール）［Rahman et al. 2000: 10］	
1988～	UNCHR	経済社会理事会の国連人権委員会（2006 年に廃止）が設置した「人権の促進と保護に関する小委員会」が「女性と子どもの健康に影響を与える伝統的慣行に関する特別報告者」を任命	88 年にはワルザジ（Warzazi, Halima Embarek）が任命され，数度にわたって報告書が提出された［Rahman et al. 2000: 11; Warzazi 1997］
1990	CEDAW	女性差別撤廃委員会による勧告	締約国に対し，「女性の健康に有害な」FGM 廃絶のために講じた対策についての情報を報告書に含めるよう勧告［CEDAW 1990］注 1)
1993	WHO	第 46 回世界保健総会［WHO 1993］	FGM を「母親と子どもの健康に影響を与える有害な伝統的慣行」とし，人権問題と位置づける
	UNGA	「女性に対する暴力の撤廃に関する宣言」を採択	第 2 条において，FGM が「女性に対する暴力」であると認める［UNGA 1993］
1994	ICPD	国際人口開発会議（カイロ，エジプト），各国政府に対し FGM 廃絶への行動を要求［UNFPA 1995］	FGM 廃絶を健康問題（Primary Health Care, Reproductive Health）と捉え，FGM を「女性のセクシュアリティを支配することを意図した有害な慣行」として基本的権利の侵害とする
1994～2003	UNCHR	1994 年に「女性に対する暴力」に関する特別報告者（Special Rapporteur on Violence against Women）にラディカ・クマラスワミ（Radhika Coomaraswamy）を任命	FGM のタイプや歴史，施術の理由，法律で禁止している国等を詳細に述べ，名誉殺人やサティと並んで FGM への国際社会の注目を呼びかけ，廃絶を求めた．「FGM は女性の生き方(women's lives）を支配する必要性を正当化する家父長的な権力構造の結果であること」を指摘し，家父長制と FGM の関係にも言及した［Coomaraswamy 1996］
1995	UN	第 4 回世界女性会議：「北京宣言・行動綱領」の採択	FGM を「女性に対する暴力」とし，FGM 禁止を各国政府に求める［UN 1996］

1996 〜2015	WHO	アフリカにおけるFGM廃絶のための20年計画	1996〜98年までの3年間の短期計画，99〜2006年までの8年間の中期計画，07〜15年までの9年間の長期計画から構成［WHO Regional Office for Africa 1997］注2)
1997	WHO等	WHO，UNICEF，UNFPAの国連3機関による共同声明（2008年の共同声明に繋がる）	同時期に，経済社会理事会の決議や国連人権委員会の決定，国連総会決議が相次ぐ［UNGA 1999］
2003		アフリカの女性の権利に関する人及び人民の権利に関するアフリカ憲章の議定書（Protocol to the African Charter on Human and Peoples' Rights on the Rights of Women in Africa：マプト議定書）	有害な慣行の廃絶を謳った第5条b項：「全ての形態のFGMを禁止する」
2008	OHCHR等の10機関	OHCHR，UNAIDS，UNDP，UNECA，UNESCO，UNFPA，UNHCR，UNICEF，UNIFEM，WHOの共同声明	FGM廃絶を求める共同声明の中で，FGMが子どもの人権侵害であることを明確に述べる［WHO 2008: 1］
2009	欧州議会	域内におけるFGMの防止／禁止対策を決議［European Parliament 2009］	
2011	AU	マラボ（赤道ギニア）における総会（6/1〜7/1）において「世界でFGMを禁じる国連総会決議の採択を求める決定」を採択［AU 2011］	No Peace Without Justice（NPWJ），IAC，Euronet-FGM，セネガルのNGOのLa Palabre等によるキャンペーンがこれに貢献した［NPWJ 2011］
2012	UNGA	FGM禁止の法制化を強く求める	医療機関で行われるものを含めてFGMを禁止し，FGM根絶に向けた啓発教育への取り組みを求める［UNGA 2012］
2015	UNGA	「国連持続可能な開発サミット」において「我々の世界を変革する：持続可能な開発のための2030アジェンダ」を全会一致で採択	SDGsの目標5「ジェンダー平等を達成し，すべての女性及び女児の能力強化を行う」のターゲット5.3：2030年までに「未成年者の結婚，早期結婚，強制結婚及び女性器切除など，あらゆる有害な慣行を撤廃する」［外務省HP］

注1：勧告では女子割礼（female circumcision）と表記.
注2：最終目標（Goal）はFGMの廃絶を加速する（accelerate）ことであり，中間目標（Objectives）は7つあり，（a）は廃絶プログラムが実施されている国において（いかなるタイプであれ）FGMの施術を受けた「1歳から20歳までの少女と女性の割合を削減すること」である．具体目標（Target）も7つあり，（a）に対しては，（i）FGMの施術を受けた1歳から20歳までの女性の割合を「2015年までに40%削減すること」であった．後述するように，15歳未満のFGMの実施率についていえば，この具体目標は達成されたといえよう.
出所：筆者作成.

リカで高まってくる．2015年から始まっているSDGsに至る過程を（すべての会議を紹介できないが）**表2-1**に整理したものを見てほしい．

表2-1から明らかなように，FGM廃絶運動は，国際社会からアフリカへの一方的なプレゼントではない．アフリカ側の努力の一例として，IACの歩みを説明していきたい（以下，IAC HPより引用）．IACは，アフリカ及び世界でおこなわれている「有害な伝統的慣行（HTPs: harmful traditional practices）を廃絶する」ための政策プログラムやアクションに取り組んできたアンブレラ組織であり，国際社会の支持を得たアフリカの人びとが1984年にダカール（セネガル）で設立した．当時，FGMは非常にセンシティブな問題として物議を醸しており，国際的なFGM廃絶運動を進めるために「アフリカの声（an African regional voice)」が求められていた．IACの任務は，ジェンダー平等の促進と，有害な伝統的慣行の廃絶と有益な慣行の促進を通して，アフリカの女性と子どもたちの「健康状態，社会的・経済的・政治的権利，そして生活の質（health status, social, economic, political, human rights and quality of life)」の改善に寄与することである．

1990年，IAC総会は，「女子割礼（female circumcision)」という婉曲表現（euphemism）を「女性器切除（FGM: female genital mutilation)」という用語に置き換える採択を決議した．それ以来，FGMは，国連経済社会理事会，アフリカの諸政府，アフリカ人女性，そして世界の人びと（international public）によって使用されてきた．2003年2月には，アディスアベバ（エチオピア）において「FGMへのゼロ・トレランス」と題する国際会議を組織し，毎年2月6日を「FGMゼロ・トレランス国際デー」とすることを宣言し，先述したように，国連決議で採用されている．

FGMが伝統的慣行として根づいているアフリカの29か国においてIACは活動をおこなっており，さらには，これまでに「FGM撤廃と開発を求めるアフリカ人宗教指導者ネットワーク（Network of African Religious Leaders against FGM and for Development)」を創設した宗教指導者のために，4回のシンポジウムを開催している．2000年以降，29か国の若者を巻き込み，FGM廃絶のためのアフリカ地域青年ネットワーク（African Regional Network of Youth for the elimination of female genital mutilation）を立ち上げている．

このように，アフリカ大陸内においても，国際社会においても，さまざまな取り組みがなされてきた．その成果について，次に見ていきたい．

(3) ゼロ・トレランス政策によるこれまでの成果

これからケニアの統計を用いてゼロ・トレランス政策の成果を詳しく見ていくが，その前に，世界全体での成人女性（15歳から49歳まで）に対するFGM施術率を確認しておこう[6]．「序章」の**地図1**を見ていただきたい．

数字だけを見れば廃絶運動の進展が感じられないかもしれないが，一度施術を受ければその女性は亡くなるまでFGMを受けた人としてカウントされる．見るべきは，若い世代への施術率である．2018年11月，IRIN（現在のThe New Humanitarian）は，過去20～25年近くの間に，15歳未満のFGMの施術率が大きく減少したとの研究成果を報じた（**表2-2**参照）．**表2-2**からは，（ケニアを含む）東アフリカで大きな成果が上がっているということが分かる．

ケニアにおけるFGM施術率の低下の理由として，ケニアがFGMを法律で禁止した国のひとつであることが挙げられる．ケニアは，2010年の新憲法で「有害な文化的慣習（harmful cultural practices)」から子どもを守ることを規定し（53条1項），さらに同年，「FGM廃絶のための国家政策（National Policy for the Abandonment of FGM)」が閣議了解され［Republic of Kenya 2019］，翌2011年には，FGM禁止法（Prohibition of Female Genital Mutilation Act 2011, FGM Act 2011）により，FGMが国全体で禁止された．この法律に違反した者には，「3年以上の懲役若しくは20万シリング以上の罰金に処し，又はこれを併科する」と定められている（第29条）［Republic of Kenya 2012b］．もっとも，この法律の効果が絶大でないことは，本書の他の章を読めば理解できることである[7]．2014年には，「ジェンダーに基づく暴力に関する国家政策（National Policy for Prevention and Response to Gender based Violence)」が開始され，FGMは，早婚（early marriage),

表2-2　FGMの施術率の長期的傾向

	過去の施術率	現在の施術率
東アフリカ	71.4%（1995）	8.0%（2016）
北アフリカ	57.7%（1990）	14.1%（2015）
西アフリカ	73.6%（1996）	25.4%（2017）

出所：Kandala et al.［2018: 9］より筆者作成．

強制結婚（forced marriage），嬰児殺し（infanticide）などとともに，「有害な伝統的慣行」とされているが［Republic of Kenya 2014］，統計上，これらの法律や政策の効果が評価できるのは，ソマリ人女性の72.7%が5～9歳で施術を受けていることを考えれば［KNBS 2015: 335］，もう少し先のこととなる．

ただし，ケニアではモイ大統領時代にFGM（用語としては女子割礼）を禁じる大統領令が，1982年，89年，98年，2001年と出ており［UNFPA-UNICEF 2013: 7］，90年代のFGM禁止法提案は議会の反対多数により実現しなかったが，2001年には18歳未満の子どもに対するFGMを禁止する「2001年の子ども法（Children's Act of 2001）」が制定されている．罰則規定についても，2001年の大統領令では17歳未満の少女への施術は1年以上の懲役とされたが［BBC 2001］，この大統領令の後に議会で採択された「2001年の子ども法」では，FGM（法律では女子割礼）や児童婚などを禁じる第14条を含めて規定に違反した場合は，1年以下の懲役若しくは5万シリング以下の罰金に処し，又はこれを併科する（第20条）と定めている［Republic of Kenya 2012a］．大統領令と子ども法が保護する少女の年齢が異なることについて当時のモイ大統領は，「16歳を超える少女たちについては，割礼を受けるかどうかは彼女たちの選択となる．彼女たちが割礼を望まない場合は，新しい法で守られることになる」と述べている［BBC 2001］．

大統領令や法律のほかに，1999年に保健省が「ケニアにおける女子割礼撤廃のための国家行動計画（National Plan of Action for the Elimination of Female Circumcision in Kenya）という10年計画（1999～2019）を開始し，2008年にはジェンダー・子ども・社会開発省（当時）が「FGM/C廃絶を加速するための国家行動計画（National Action Plan for Accelerating the Abandonment of FGM/C）を開始した（2008～2012）［UNICEF 2013: 10-13］．したがって，上記の大統領令や国家行動計画の影響はこれから紹介する統計へのプラスの影響が考えられる．

2 ゼロ・トレランス政策の限界

前節で見た通り，ゼロ・トレランスへのさまざまな取り組みがある一方で，FGMが全廃される兆しは見えない．国際社会は，前述した2012年の国連総会決議のように，FGMを「女性と少女への暴力」とし，程度の如何や医療機関の関与の有無にかかわらず，廃絶すべきものとして位置づけている．FGMは，女児の健康に何らメリットを与えない．肉体面，精神面のいずれかもしくは両方にダメージを与えるFGMは，どんなタイプであろうと，麻酔を使って医療機関でおこなわれようと，廃絶すべき因習である．健康被害，就学の妨げ，妊産婦死亡や死産など，FGMの施術が引き起こす数多くの問題[8)]がこれまでにさまざまな文献で指摘されてきた．国際社会がゼロ・トレランスでFGM廃絶キャンペーンをおこなっていることには十分な理がある．しかし，長年のキャンペーンにもかかわらず，この因習は続いている．なぜ続くのだろうか．

(1) FGMとイスラーム

ケニア北東部はケニアで最も貧しい地域とされ就学率も低いが，その中で教育を受け，英語を話せる人びとは，FGMはイスラームとは無関係であることを強調する．たとえば，ケニア人口保健調査2014（Kenya Demographic and Health Survey 2014, 2014KDHS）によれば，調査対象となった女性（15～49歳）の21%が施術を受けており，宗教別には，カトリックが21.5%，プロテスタントとその他のキリスト教が17.9%，イスラームが51.1%，無宗教が32.9%，その他が19.7%であった．これらの数字を見れば，FGMがイスラームの要請のみにもとづくものではないことがわかる．また，年齢別にみると，45～49歳が40.9%，40～44歳が32.1%，35～39歳が27.8%，30～34歳が22.9%，25～29歳が18.0%，20～24歳が14.7%，15～19歳が11.4%と，年代が下がるにつれて割合が減っており，FGM廃絶の方向に社会が動いていることがわかる．

しかし特に，教育を受ける機会がなかった辺境に住むソマリ人の多くは，FGMはイスラームの教えに従ったものであると信じている．先に挙げた2014KDHSをもう一度見てみよう．民族別に見ると，ソマリ人女性が最多でその93.6%がFGMの施術を受けており，そのうち，タイプⅠ（clitoridectomy）が1.4%，タイプⅡ（excision）が64.6%，タイプⅢ（infibulation）が32.3%であった［KNBS 2015: 333］．ソマリ人の母を持ちFGMの施術を受けた0～14歳の少女については，タイプⅠもしくはⅡが87.9%，タイプⅢが11.3%であったことから（不明が0.8%．［KNBS 2015: 338］），ソマリ社会がタイプⅢからより緩やかなタイプⅠもしくはⅡに移行しているとともに，生死に関わるタイプⅢの施術を受ける少女がまだ1割残っていることがわかる．

2014 KDHSによれば，15〜49歳のソマリ人男女について，彼らの宗教がFGMを要求していると考える人びとの割合は，女性が82.3%，男性が83.4%である［KNBS 2015: 340］．クルアーンに女性のFGMへの言及はないが，イスラーム教スンナ派の四大法学派のひとつであるシャーフィイー派（al-madhhab al-Shāfi'ī）だけは，女性のFGMをムスリムの義務と考えている［Ahmed et al. 2018］．そして，ソマリの人びとの多くがこのシャーフィイー派を信奉している[9]（スンナ派の法学派については，第6章を参照のこと）．ケニア北東部のイスラーム指導者たちは，タイプⅢの健康被害については十分理解しているが，まだすべてのタイプのFGMを禁止すべきかどうかについては，完全なコンセンサスができていない．そのため，タイプⅠなど，クリトリスの小さな切除や刺すことで血を流すレベルの施術が続いている．

ケニアの北東部の事例を紹介したが，このように宗教指導者が人びとの行動を変化させることは，国際機関もNGOも理解しており，宗教指導者のコミットメントはFGM廃絶を目指す上で大きな原動力となる．また先述した「FGM撤廃と開発を求めるアフリカ人宗教指導者ネットワーク」のように，宗教指導者の側もそれを理解している．そうであるならば，法律を厳格に適用し人びとを罰則で脅すゼロ・トレランス政策よりも，宗教指導者の説得に力を入れた方が，FGM廃絶という目標を達成するためには効果があるのではないだろうか．宗教指導者の考えで人びとが行動を変えるからである．

(2) 家父長制の価値観

ケニアの北東部でFGM廃絶が遅れている理由は，宗教の問題だけではない．FGMという慣行を維持している多くの地域でFGMは成女儀礼のひとつに組み込まれており，FGMを受けない女性は不浄と見なされ，成人女性として扱われることもない．したがって結婚もできない．現地でのインタビューでは，女性の就学率が低く女性のエンパワーメントが進んでない地域では，結婚するか売春婦になるしか女性が生きる選択肢がないという説明を受けた．ソマリ社会においてFGMは処女の証であり，施術を受けていない女性が結婚を拒否されることが廃絶を妨げる大きな要因となっている．ケニア北東部では2011年まで継続調査をしたが，インタビューでは，この地域の少女たちは平均14歳で結婚していた．もちろん父親による強制結婚であり，FGMは結婚の必要条件であった．

再び2014 KDHSによれば，15〜49歳のソマリ人男女について，共同体がFGMを要求していると答えた人の割合は，女性が82.7%，男性が87.0%であった［KNBS 2015: 341］．そして，FGMという慣行を続けなければならないかどうかという質問に対して，続けるべきと答えたソマリ人の割合は，女性が81.2%，男性が79.8%であった［KNBS 2015: 343］．

この地域の多くの女性は5〜7歳頃にFGMの施術を受け，平均14歳で結婚してきた（これは児童婚，強制結婚にあたる．就学中の少女を結婚させることはケニアでは違法である）．夫は妻に学業の継続を許そうとはしない．この結果，中退した女性たちは，意思決定過程から排除され，力を奪われてしまう．女性に教育を受ける権利を保障し，女性のエンパワーメントを推進するためには，人びとの意識を変えていく必要がある．そのためには，宗教指導者への説得に加えて，ソマリ社会の家父長制の価値観をも変えていかなければならない．しかし，これは法律で強制できることではない．さらに言えば，2014年に，女性議員の反対を意に介さず，妻の拒否権を削除した一夫多妻法案を可決したケニア議会に，家父長制を否定する法律の制定は期待できない．それほど家父長制の価値観は社会に根強く残っているのである．

FGMの問題は家父長制の問題である．国連統計部（United Nations Statistics Division）は，SDGsの目標5，つまりジェンダー平等と女性と少女のエンパワーメントを達成するためには，「家父長的態度やそれに関連する社会的規範」がもたらしている「ジェンダーに基づく根深い差別」に対抗するさらなる努力が必要であると述べている［UN Statistics Division HP］．**表2-1**のクマラスワミによる報告でも，FGMと家父長制の支配構造との関係が指摘されている．

国際社会は各国政府に対してFGMを法律で禁止するように求めてきたが，FGMを禁止する法律が即座に効果を発揮するわけではない．政府が取り締まらない限り施術は続き，取り締まりを厳しくすると地下に潜っておこなわれるようになるため，実態の把握が難しくなってしまう．何より，FGMがその社会を動かす歯車のひとつになっており，社会の権力構造や階級構造を支えるひとつの柱になっていれば，FGMを放棄することは人びとにとって容易いことではないし，秩序と称して既得権益を守ろうとする反対者も出てくるだろう.[10)]

アフリカ映画の父と言われたセンベーヌ・ウスマンが晩年に制作した『モーラーデ（邦題：母たちの村）』では，FGMは男性支配と結びつけられていた．家父長制社会の維持を望む人びとからの抵抗は非常に強いものがある．FGMは女性が取り仕切っているという主張をしばしば聞くが，『モーラーデ』では，FGMの施術者集団は村の長老会議と対等な存在とは描かれておらず，また，主人公は，村でFGMをなくすために，女性の施術者集団だけではなく，男性の長老たちと対決している．女性が儀式を取り仕切っているとしても，決して女性に最終的な決定権があるわけではない．「特に家父長制社会において，慣行についての意思決定に積極的に参加する男子はほとんどいないけれども，それでも男性は意思決定者であり，女性の秘密の世界を前向きに変革していくことができる」のである［Kaplan et al. 2010: 29］.

『モーラーデ』は，女性たちが男性の長老たちにFGMの拒否を宣言し，家父長制社会の変化を予期させる映像で終わっていた．長老は女性たちに余計な情報を与えないためにラジオを取り上げようとした．主人公の女性は，ラジオでFGMがイスラームの教えではないことを学び，FGMの施術が死産の原因であることを医師から教えられた．正しい情報を得ることが女性のエンパワーメントに必要であることをセンベーヌ監督は教えてくれる.

実際に，FGM廃絶を求める声は草の根レベルからも発せられている．筆者がケニア北東部に居住するソマリ人のFGMの問題に関心を持つようになったのは，現地の教員から提示された中等学校の女子生徒の退学理由の中にFGMがあったからである．この教員は男性であったが，FGM（当時は主にタイプⅢ）がもたらす生理時の激痛が勉学の継続を邪魔する切実な問題であることを力説した．現地の助産師へのインタビューでは，「FGMは男性が女性を支配するための道具にすぎない」という言葉を聞いた．タイプⅢの女性の出産に立ち会った看護実習生も，タイプⅢ（陰部封鎖）が難産や死産の原因になっており廃絶が必要であることを教えてくれた．女性にとってFGMは何の利益も生まない．ただ，結婚の際に貞節の証明となるだけである．この証明のために，子どもの頃からどれだけの苦しみを背負わなければならないのだろうか.

FGMを廃絶するためには，なぜFGMを廃絶しないといけないのか，その理由を人びとに理解してもらう必要がある．そのためには，その地域の伝統的／宗教指導者の協力が不可欠である．事実，筆者の調査地において（確認できたのは都市部だけではあるが），FGMがタイプⅢからタイプⅠ／Ⅱへと変化したのは，現地の女性たちが設立したNGOによる宗教指導者への説得の功が大きい[11]．しかし，タイプⅠ／Ⅱがまだ残っている．これをゼロにするには，伝統的／宗教指導者の意識の変化を待つしかないのだろうか．逆に，人びとが自らFGMを放棄し，それを指導者層に追認させるような動きは起こらないだろうか.

ケニア北東部の人びとがFGMをやめるときには，児童婚もなくなっていることだろう．FGMや児童婚は家父長制社会を支える歯車であり，家父長制社会の価値観を維持したまま法律の罰則規定でFGMだけをやめさせようとしても，人びとを説得することは難しい．なぜFGMをおこなわなければならないのか．イスラームの教えでもないことを女性が命をかけて守らないといけないのはなぜか．なぜ勉学の途中で結婚し学校をやめなければならないのか．女性たちが疑問を感じ，それにNoと言うためには，家父長制社会の変化が求められる.

2020年2月11日付のAFPBB Newsは，「麻酔もなく女性器切除された12歳少女が失血死，執刀医保釈　エジプト」を報じた．「エジプトでは2008年に初めて女性器切除が禁止された」とのことであるが，記事のように，FGMは続いている．エジプト政府は国際社会のゼロ・トレランス政策に従って法律でFGMを禁止したが，法律ではなく「家父長制社会の価値観」に従う人びとが未だに多いということである.

(3) ゼロ・トレランス政策の代替案——ポジデビ・アプローチ

グローバル化の中でアフリカの家父長制がどのように変化しうるのか，地域で受け入れられる政策はどのようなものか．政策を考える上で，ポジデビと呼ばれる手法を紹介する.

▶ポジデビ・アプローチの有用性

前項で見てきたように，FGM 廃絶のためには，法律や罰則とともに，人びとの意識を変えることが重要である．では，具体的にはどのようにして人びとの意識を変えればよいのだろうか．筆者はポジデビ・アプローチ（Positive Deviance Approach）が有効であると考える．このアプローチは1990年代にベトナムにおける子どもの栄養不良対策として Save the Children のジェリー・スターニン（Jerry Sternin）が初めて用いたもので，ごく少数の成功例（＝ポジデビ）を観察する．従来の社会科学の思考は，「『解決すべき問題を理解する』，『取り除くべき障壁を特定する』」という順序で，「外部の“専門家”の視点で，何が足りないのか，何が間違っているのか，と言うような“欠点”を見つけ出す方法」により解決策を模索するが，ポジデビ・アプローチはその逆のプロセスを辿る．「うまくいっていることを最も予期しないところから探し出し，“内から外へ”とその活動を始め，コミュニティ内で拡充させる」のである［シンハル・河村 2017］．

神馬［2017］は「家父長制社会の価値観」を変えた「ソーシャル・チェンジ」として，パキスタンの事例を紹介している．「子どもの死亡を防ぐための行動変容の実践，新たなネットワークづくり，コミュニケーション・パターンの変化，さらにはジェンダー役割の特定，このような活動の成果として，ソーシャル・チェンジがいつの間にか生じていた」という．具体的に言えば，「ポジデビ開始前は“赤ん坊や子どもの世話は女の仕事，男のやることではない”と思われていた．ところが，ポジデビ活動後，村全体で新生児死亡が減少し，夫婦が一緒になって乳児の健康問題を話すようになった．夫と妻が子育てという共同作業のパートナーになったのである．ある老人はこんなことを言った．『今私たちは女性を平等に扱っている．変われば変わるもんだねえ．その昔，女性のことを私たちは安物のサンダル（Paoo ki joti）と呼んでいたものだった』．このアプローチが FGM 廃絶のために使えないだろうか．

神馬［2017］は続ける．「ここで大事なことがある．それは，ソーシャル・チェンジを，最初からポジデビの目的としなかったということである．子どもの死亡を防ぐための行動変容の実践，新たなネットワークづくり，コミュニケーション・パターンの変化，さらにはジェンダー役割の特定，このような活動の成果として，ソーシャル・チェンジがいつの間にか生じていた」．重要な指摘である．最初からFGM廃絶を目指すのではなく，施術時の死亡，生理時の痛みで学校に行けず中退してしまうこと，死産や妊産婦死亡など，FGMに起因する問題を解決する意識が高まれば，社会の変化が生じるかもしれない．

▶エジプトの事例——ポジデビと国際政治

スターニン［2017］が紹介しているように，エジプトですでにFGMに対してポジデビ・アプローチが実施されている[12)]．「1997年当時，エジプトでは97％の既婚女性が性器切除をしていた．教育や経済状況，宗教に関係なく，ほぼ全国でなされていた．しかし，3％は切除していなかった．問題は，女性性器切除（原文ママ）に反対するアドボカシー・キャンペーンが成果を挙げていないこと．そこで，ポジデビを活用しよう，ということになった．現地で女性性器切除問題に取り組んでいたNGOとポジデビ探索が始まった．エジプト人女性の中から，性器切除に『ノー』と言った女性，または性器切除をしなかった女性，つまりポジデビを探した．探索中にさまざまな女性と出会った．娘には切除させなかった母親，母親を説得して妹には切除させなかった少女，娘には切除させなかった父親などである．NGOはそんなポジデビから学んで，アドボカシー戦略と宣伝文句を練った．そして，ポジデビの人びとにはアドボカシーの最前線に関与してもらった．結果は大成功だった．何千人もの女性が性器切除を免れたのである．エジプト政府は女性性器切除を禁止する特別なプログラムを創設し，ポジデビを行動変容戦略に採用するようにもなった」．

エジプトでのプロジェクトを妨げたものは，「西洋の陰謀（Western conspiracy）」やエジプトの伝統や価値観を貶める「アメリカの介入」という議論であった．プロジェクトの時期が，アメリカのイラク占領やイスラエルのパレスチナやレバノンへの軍事攻撃，預言者ムハンマドとイスラームを侮辱する西洋の漫画が問題になった時期と重なったためである［Population Council 2008: 15］．このような反発にはどのように対応すればよいだろうか．

FGM廃絶運動がエジプトの伝統と価値観に対する「西洋の陰謀」だとして運動に反対する人びとの声が最も大きくなるのは，廃絶運動を推進するローカルNGOがそのコミュニティに溶け込んでいない場合や他のローカルNGOの活動と連携していない場合であることも指摘されている．逆に言えば，そういったNGOが地域に溶け込み，FGM廃絶運動と共に，地域の開発プロジェクトを行い，人びとが求めるものを供給するようになれば，人びとはNGOのFGM廃絶運動にも耳を貸すという［Population Council 2008: 16, 53］．

Population Council［2008］のこの指摘は重要である．ケニアで最も貧しいと言われる北東部で，今日家族に食べさせるものを必死に探している母親にFGM廃絶の重要性を説いても，聞く耳は持たないだろう．ケニア北東部のソマリの人びとがFGMを放棄するにはふたつの道が考えられる．ひとつは，人びとの尊敬する宗教指導者が，FGMがイスラーム教徒の義務ではないこと，子どもたちの健康に悪影響を与えることを，人びとに説き聞かせることである．もうひとつは，ケニア政府の努力により，この地域のインフラが整備され，貧困が緩和され，生活に余裕ができ，女性の中等教育修了率が上昇することである．メッカを有しイスラームの本家本元とされるサウジアラビアの女性がFGMの施術を受けないことや，FGMのリスク，後遺症までを学べば，FGMを必要だと思う女性は減少するだろうし，何より，FGMを女性の貞節の証しと考える男性の妻にならずとも，エンパワーメントされた女性たちは自身の力で生きていくことができるはずである．

おわりに

本章では，国際社会が数十年にわたり推進してきたゼロ・トレランス政策を概観し，FGMを禁止する法律制定を重視する現在の政策だけでは，FGM廃絶という目標を達成できないことを示した．代替案として提起したポジデビでは，子どもの生命の安全という見地から住民との対話を進め，その過程で家父長制の価値観が子どもの安全を脅かしていることに気づかせるというパキスタンの事例やFGM廃絶に実際にポジデビが用いられたエジプトの事例を紹介した．そして，エジプトの事例では，イスラームへの敵意をむき出しにするアメリカへの不信が，ポジデビの妨げになっていることも示した．

本章が，ポジデビの有用性（そして，課題）や家父長制廃絶のための方策について議論を深める一助となれば幸いである．

謝辞
本章の執筆にあたっては，下記の助成を受けた.
• 基盤研究（B)「アフリカ女性の社会進出のための伝統の取捨選択に関する研究」(2006-2009 年度，研究代表者：戸田真紀子）（課題番号：18401010）
• 京都女子大学　平成 31 年度・令和元年度研究経費助成

注

1）本章では，廃絶を必要とする国際社会のスタンスに沿って，FGM を使用する.
2）家父長制については，テキスト分析で国連決議に含まれる家父長制を明らかにした Puechguirbal［2010］を参照のこと.
3）SGBV となる慣習的・伝統的行為（customary or traditional behaviours）として，UNHCR は「早婚，FGM/C，名誉殺人（honour killing)，不具化（maiming)，強制堕胎」をあげている．早婚について，本章では児童婚と記載している.
4）家父長制社会の価値観を維持することは，平時と戦時の両方において，女性への暴力の原因となっている.「家父長制の価値観を強く維持している社会では，女性は平時であれ戦時であれ，SGBV に苦しむことになる．平時には，男性は，家庭や社会で支配的な立場を維持するために，SGBV を用いて『男であること』を誇示する．そして，戦時には，敵の家父長制社会を弱体化するために最も効果的な手段として，敵が持つ『男の誇り』を破壊する武器として，SGBV が用いられ〔……〕平時と戦時は断絶しておらず，平時の暴力が戦時の暴力につながっているのである」[戸田 2019: 52].
5）医師として，またアラブ女性として初めて FGM を非難したエジプトのナワル・エル・サーダーウィは，西洋社会が上から目線で FGM の問題を取り上げていることを批判した［戸田 1996，2015].「欧米の女たちは，クリトリスの外科的な除去こそ受けていないかもしれない．しかし彼女たちは，文化的・心理的なクリトリデクトノミー（原文ママ）の犠牲者である」と主張している［Saadawi 1980：邦訳 25]．家父長制的な態度はアメリカ社会でも見られる．アメリカは先進工業国の中で唯一女性差別撤廃条約を批准していない国であり，批准しない理由として，アメリカの伝統的な家族が壊されるという家父長制的な価値観が示されている．Schalatek［2019］などを参照のこと.
6）UNICEF［2020］に詳しい.
7）FGM についての報道記事も多い．最近のものでは，FGM から逃れたマサイの少女の証言を載せた Ombuor［2020］がある.
8）WHO［2008］に詳しい.
9）たとえば，ソマリアやジブチ，ケニアのソマリ人にはイエメンのイスラムセンター経由でシャーフィイー派の教えが導入されたという［Abdullahi 2017: 132].
10）権力を握った人びとはジェンダーの変化を求めないことが指摘されている［Connell 2014: 481-82].
11）ケニア北東部における学派間のバランスの変化も，タイプⅢからタイプⅠへの移行の理由として指摘されている．人びとが宗教指導者の言葉に従う事例といえよう．

12）詳しくは Population Council［2008］を参照．2003 年から 2006 年にかけての FGM/C 廃絶プログラム（FGMAP: FGM/C Abandonment Program）の詳細が記録されている．

Chapter 3

変容する「女子割礼（FC）」
――西ケニア・グシイにおける医療化と儀礼の変化――

宮地歌織

はじめに

1998年に初めて西ケニアを訪問したのは社会人類学の大学院生の時であり，当時は女性のリプロダクティブ・ヘルスをテーマとし調査研究をおこなっていた[1]．調査地は，当時ケニアで最も「女子割礼（FC[2]: female circumcision）」の実施率が高いとされるグシイ（Gusii[3]）の人びとのエリアであり，地名としてはキシイ（Kisii）と呼ばれている（**口絵1**）．農村で人びとと共に生活をするうちに，成人儀礼としておこなわれる「割礼」が，男女ともに一生の中で重要な意味を持ち，また人びとが誇りを持っていることを肌で感じ取ってきた．しかし一方で，国際社会においては，女子の割礼は「女性器切除（FGM: female genital mutilation）」と呼ばれ，女性に悪影響を与える「悪しき慣習」としてとらえられ，反FGM活動の波が巻き起こっていた．北京で行われた世界女性会議（1995年）の影響も大きく，アフリカのFGMは中国の纏足と同様，女性の人権侵害である，と報じられた．ローカルな文脈では，施術にともなう儀礼などの過程やその施術の痛みに耐えることが，男女共に大人へのステップを上がっていくことだと認識されており，国際社会の認識と現地の捉え方には大きなギャップがあった．

アフリカにおける女子の割礼についての社会的，文化的，歴史的背景を論じた書籍，論文は数多くある（Boddy [1982]; Barnes and Boddy [1994]; Hayes [1975] など）．またケニアにおいてもグシイも含めて他の民族においてもさまざまな人類学者により調査がなされてきた（Gwako [1993]; Hetherington [1998]; LeVine et al. [1994]; LeVine [1979]; Mayer [1953]; Miyachi [2014]; Natsoulas [1998]; Prazak [2016]; Robertson [1996]; Wangila [2007]；上田 [1982]；片上 [2001]；松園 [1984, 1991]；松園

（典）［1982］；宮地［2004］など）．

上記論文では各社会での割礼の社会における成人儀礼としての意味合いや変化が論じられており，民族ごとの多様性がみてとれる．しかしながら国際社会のとらえるFGMへのまなざしは，筆者が見た現地での意義や民族誌から見えてくる他地域でのFCとは，真逆の視点であった．本章では，グシイの人びとの視点にもとづき，男子割礼と同じ成人儀礼としての要素を持つ表現として「女子割礼（FC）」と用い，国際的な流れにおける反対活動としてのFGM，そして身体そのものの切除に焦点があてられる場合にはFGC（female genital cutting）と表現を使い分けることとする．

ケニアでは1900年代初頭から，植民地政府や英国からの宣教師たちと現地の人々との間での「女子割礼論争」があった．しかし現地の人びとにとって存続すべきとされたFCであるが，徐々に国際社会からの非難，開発援助との関係，西洋フェミニズムの流れ，またはアフリカ人女性達による反対活動など，さまざまな圧力がかかっていく．そしてケニアでは1982年に「大統領による女子割礼禁止令（The Presidential Ban of Female Circumcision）」（以下，「大統領令」）が出され，1990年代後半になると法律化しようとする動きもあった．そして2011年には完全に法律によってFGMは禁止される．ただ他の章でも明らかなように，表面的にはその影響を徐々に受けながらも，スタイルを変えつつ，現地の人びとはFCを継続させている．

それではグシイにおける割礼の変化はどのようなものであったのだろうか．筆者は2000年に割礼に関する調査を終えてからは，このテーマからもグシイの人びとについての調査からも遠ざかっていた．しかし2016年に別の研究テーマで再び現地を訪問する機会を得たこともあり，施術をおこなっていた看護師たちを訪問することにした．かつて30歳代だった女性看護師たちも，孫育てに忙しい世代になっていた．若くして亡くなってしまっていた看護師もいたが，何人かと再会を果たすことができた．割礼について聞くと，「私はもう割礼はやっていないのよ」と答える．しかし，「でも，他の人はやっているかもしれないけど」と話す．

彼女たちの行動に大きく影響を与えたのは，2011年のFGMを禁じる法律の制定であるという．それまでもケニアではFGMを禁止する数々の試みがなされてきたが，劇的に減少することはなかった．しかしこの厳しい罰則規定を伴う禁止法の制定によって，少なくとも筆者の知る範囲では，グシイの看護師は実施しなくなっているようである．FCについて調査をしていた2000年までは，クリニックと呼ばれる農村の小さな簡易的な医療施設や病院でもおこなわれていたが，今となっては逮捕されることを恐れるようになっている（男子はいまでも割礼がおこなわれている）．調査当時は「まわりがどう反対しようと，私は娘に割礼を受けさせる」と言っていた女性も，「もう割礼はやらない方がいいと思う」と大きく態度を変容させていた．また1999年に双子の女の子のために盛大な儀礼を実施した父親も，2018年に現地で再会した際には「もうグシイでは，割礼はやらないよ．捕まるし，少女の健康に良くないからね」と話した．しかし一方で，「まだグシイの人々にとって割礼は重要で，公にやらなくなっただけだ」という人もいる．

筆者自身は，長年リプロダクティブ・ヘルス／ライツの推進に関わっており，男女問わず，そして性器への施術である割礼に限らず，身体や精神的な被害をもたらす行為に対して，基本的には反対する立場を取り続けてきた．しかし国際社会の描き出す反FGMの映像や記述は，少なくともグシイの現地の様子とは大きくかけはなれている．また現地にはジェンダーにもとづくさまざまな暴力（たとえばDV）や，伝統的な家父長制のもとでの女性への差別など女性自身が困難と感じている課題が多くあった．しかしFCについては，現地の女性にとっては問題視されていなかったのである．一方，男子割礼により施術後に大変な苦労をしている少年を見た．またケニアでも他の国でも，男子割礼で命を落とすケースがある．しかし反FGM活動を推進する国際社会は，それら現地の女性が現実に抱えるさまざまな諸問題，また不衛生な手術によって健康を損なう男子の問題については関心を寄せることはなかった．

はたして，グシイの地域では，法律で禁止されたことによってもうFCは無くなったのだろうか．それともまだ秘密裏に継続されているのだろうか．人びとのFCに対する認識は変化したのだろうか．

本章では，グシイに着目し，FCに関して歴史的変遷を民族誌から読み解き，またケニアの全国的な統計資料も踏まえながら，多角的にその変化を見ていく．最初に，第1節では1940年代からのグシイの民族誌の中から見えてくるFC

の文化的な側面や，1990年代における筆者の調査を踏まえながら歴史的変遷について論じる．

次に，第2節ではケニアにおけるFC実践について，5年毎に実施されている全国人口健康調査（KDHS: Kenya demographic and health survey）から分析をする．KDHSでは2003年，2008～2009年，2014年と継続して項目調査にFC/FGCが含まれている．それら量的なデータを参照し，他の民族や全国平均と比較しながら，グシイの状況について論じたい．

そして第3節では，近年のグシイにおけるさまざまな反FGM活動とその結果を見ていく．筆者自身は2000年以降，正式にはFCの調査をおこなうことはできていない．そのため他の調査や反FGM活動の報告書などを参照しながら，現代の様相について論じたい．

1　グシイにおける通過儀礼としてのFC

西ケニアに在住するバンツー系のグシイの人びとが住む地域は，標高の高さと適度な雨量，そして肥沃な土壌に恵まれ，ケニアでも有数の農業の盛んな地域である（**地図3-1**）．主食であるウガリの原料であるメイズ（maize）をはじめとし，お茶やコーヒー，除虫菊などの換金作物の他，さまざまな野菜や果物が収

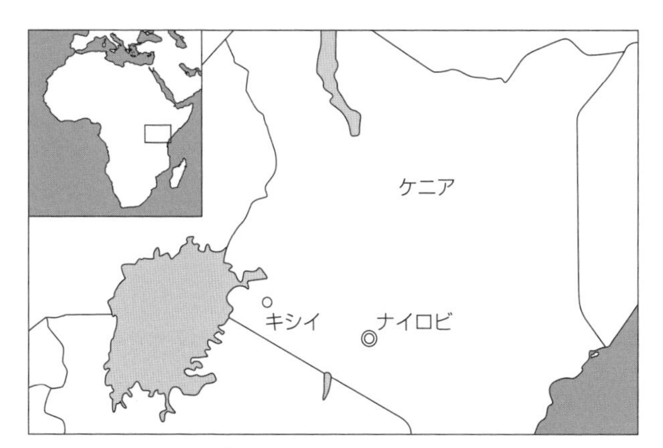

地図3-1　筆者調査地　キシイ・カウンティ

注：調査時（2000年）は「キシイ・ディストリクト」であった．
出所：Miyachi［2014］をもとに筆者作成．

穫されている．またケニアの民芸品としても有名なソープストーン（**口絵 2**）の産地でもあり，採石場があるタバカ（Tabaka）では，農業の傍ら，民芸品産業に関わる人も多い．この地域は，SDA（Seventh-day Adventist Church）やルーテル派，カトリックなどのキリスト教信者がほとんどである．

筆者が調査をした1998～2000年の調査とそれ以前の民族誌の記述から，グシイの人びとにおけるFCについての変化を論じていく．

（1）施術について

筆者が調査をおこなっていた2000年までは，施術の方法や実施する場所，施術の前後の儀礼の省略などの変化はあっても，成人儀礼としての必要性という認識は変わっていなかった．以前の民族誌では，割礼は思春期の少女におこなわれ，15，あるいは16歳ぐらいだったとされている．筆者の調査時には女性の割礼は7歳から10歳ぐらいまでに施されており，年々低年齢化している傾向があるという［松園 1991; Gwako 1993］．筆者の調査でも実施年齢は小学校低学年がほとんどである．1999年にS小学校にて実施した女子生徒へのインタビュー調査の結果を見てみよう．

女子生徒はほぼ全員が割礼を受けており，施術場所として多いのは自宅であった．またクリニックや病院という事例もあった（**表 3-1**）．また施術者については看護師（女性）がほとんどであった（**表 3-2**）．かつて施術をしていたという割礼師（*omosari*）の女性に話を聞いたが，すでに廃業状態であった．彼女たち曰く，近年では母親が娘の健康や安全性への配慮から，割礼師による施術を望まなくなったという．割礼師の女性たちは，もともと農業を営んでおり，伝統的産婆でもなく，近代医療的な知識や技術も持ち合わせていない．

そのため看護師による施術がほとんどであるが，施術の料金は，大体は100～200ケニアシリングが相場であった（1～2ドル程度）．農家が多いこの地域で，現金収入のない家庭でもさほど大きな金額ではない．看護師たちも通常は本業の仕事で収入があり，割礼での収入はお小遣い程度で，それに頼っているわけではない．ある看護師によれば現金で払えない家庭もあるとのことで，その場合は農産物で謝礼を受け取ることもあるとのことであった．

切除する部分についてはどうであろうか．1999年の調査ではクリトリスの

表 3-1　割礼場所について

場所	生徒数	%
病　院	7	10.3
クリニック（簡易的医療施設）	24	35.3
自　宅	37	54.4
合　計	68	100.0

出所：2000 年 1 月に実施したＳ小学校での筆者の調査データより．

表 3-2　施術者について

施術者	生徒数	%
割礼師	7	10.3
看護師	61	89.7
合　計	68	100.0

出所：2000 年 1 月に実施したＳ小学校での筆者の調査データより．

包皮の部分的切除がほとんどであるが，どの程度切除するかは看護師次第である．FC の調査をおこなった際には，少女の母親たちは教会の知人や隣人の母親たちを通じて，看護師を決めている傾向にあった．「あの看護師はあまり切らないらしい」，「出血が少ないから安心」，など看護師の評判なども聞きつつ，母親が決めていた．母親たちは同じ教会に属する信者の看護師に頼んだり，自宅から近くにあるクリニックの看護師のところに連れて行ったりしていた．めずらしいケースではあるが当時でも病院でおこなわれることもあった．通常，施術後は 1 週間程度の隔離期間に入り，両親ともに，割礼を受けた子どもに会うことはタブーとされる．病院の場合も，親は看護師に頼み，食事やそのほかの世話をしてもらっていた．

施術者の方はどうであろうか．FC をおこなっていた看護師たちは，先輩看護師がやるのを見て学んだという．特に難しい手術ではなく，簡単だという．破傷風や HIV/AIDS などの感染症対策として，施術には細心の注意を払う．グシイでの FC はいわゆるタイプ I であるが，調査当時に孫をもつ祖母世代に話を聞くと，昔は小陰唇の切除もあり出血もひどかった，という．ある祖母は「今の割礼は，切ったあとにすぐに歩ける．昔は痛くて歩けなかったのに」とやや不満そうに話をした．

親が割礼の施術に立ち会うことは無く（女子の割礼の場合でも母親は立ち合うことができず，祖母や割礼を受ける少女の姉妹など女性のみが立ち合い可能である），看護師の采配で施術が進む．過去の民族誌を見てみると，少女たちは早朝に集団で川へ行き，割礼の前に川に入るなどして身体を冷やすという出血を抑えるための工夫がされていた．そして割礼師の施術の際には，灰を振りかけ，クリトリスをつかみナイフなどで切り取られていたという．しかし筆者が立ち合った割礼は，親や看護師の都合で昼間だったり夕方だったりとまちまちであった[4)]．

このように「割礼」という施術そのものについては，昔に比べると切除される部分が少なくなったり，あるいは小さく傷を入れる（数滴血が出る程度），そして看護師が衛生的に施術をおこなう医療化，という変化がある．また施術後の儀礼も，家庭によっては隔離期間や祝宴も簡略化されている．

ある看護師は，12月の割礼シーズンになると，夜になってから家から家へと施術に歩き回っていた．通常では，グシイの人は夜に出歩くことはない．それは妖術使い（witch）がいると信じられているからである．大の男もひとりで出歩くのを嫌う．しかしその看護師は，昼はクリニックで働いていることもあり，夜にひっそりやることを希望した．またその他の理由として，「モイ大統領による禁止令もある．まだ捕まった人はいないけど，もし誰か逮捕されたら，自分もやめるだろう」と彼女は言った．筆者もその夜の割礼の巡回に同行させてもらったが，私たちの他にふたりの男が大きな鞭をもって，ブンブンそれをふりまわしながら家から家への移動に付き添ってくれた．音を立てるのは，妖術使いが近くに寄ってこないためだ，と話していた．

その看護師は少女の家に到着すると，家族（特に祖母たち）に喜びの声を立てないように，と念を押していた．祖母たちは孫が割礼を受けると，そのことを祝福し「アリリリリー！」と高らかな音を立て，卑猥な歌を歌い始めてしまうからである．

同じ教会に属する母親や祖母たちとともにキリスト教のお祈りを終えると，看護師は鞄を開け，鉗子や外科用ナイフを取り出した．医療用のゴム手袋をし，麻酔を用いて，医療的に施術を行った．それは術後の少女の身体的への配慮もあるが，その出血からの自分への感染を防ぐためとのことであった．

割礼を受ける少女たちは10歳前後であり，緊張した面持ちではあるが，泣き出しそうな子はいない．自宅の場合は，外の草むらや大きな木の下など人目に付きにくい場所に移動する．そして台所小屋で使う小さな椅子が用意される．少女は，椅子に座る前に下着を脱ぎ，スカートをたくしあげて椅子に座る．祖母が後ろから少女の足を抱え込み，股が閉じないようにしている．ここでも少女たちは心の準備をしているせいか，あるいは痛みについては年長者から聞いているせいか，痛みにちょっと顔をゆがめつつも，だれも逃げ出すことなく，嫌がることなく，淡々と手術を受けていた．

クリニックの場合であれば，手術はものの数分もかからないもので，出血はほとんど無かった．術後は陰部にガーゼをあて止血し，数分後には下着をはきスタスタと歩き，付き添いの母親と自宅に帰っていった（伝統的な儀礼では，割礼の場に親は立ち合わないものであるが，そのクリニックへの引率は母親がやっていた）．

姉妹で施術を受ける場合もあった．姉は8歳で妹はまだ6歳程度であり，妹の方は今から何がおこなわれるのか，わかっていないようにも見受けられた．しかし，施術を受けても，痛みで泣くこともなく，何も感じていないような顔をしていた．看護師に聞くと，小学生の少女たちは割礼のことを聞いているので痛みについて不安があるが，小さい子の場合はそのような恐怖心や不安がないため，逆にスムーズに行くという．隔離期間を一緒に過ごさせるなどのメリットもあるため，割礼にはまだ早いものの，姉と一緒に受けさせることもあるという．

ある母親にインタビューした際には「グシイで女性として生きていくには，結婚，出産，子育て，畑仕事など大変なことが沢山ある．割礼なんて大した痛みじゃない．こんなのに耐えられないくらいなら，出産なんてできないわよ」と笑って答えていた．

ちなみにこのような割礼のシーンは，それまでに見ていた1990年代の反FGM活動の情報とは大きく異なるものであった．現在もそうであるが，反FGM運動で描き出されるのは，女児が何も知らずに連れていかれ，泣き叫びながらも，他の大人の女性たちに押さえつけられて無理やり切除されているシーンである．これはある地域では事実であろう．しかしグシイの現場とは異なっていた．筆者が調査をした際には，FCは彼女自身や家族にとって誇らしいものであった．そして外国人である筆者は，「FCの調査をしているのだ」と言うと，祝福される儀礼や施術に次々に招かれるという，歓迎される客人であった．そこには「秘密裏に行われる悪しき慣習」というイメージからは程遠い現実があった．

(2) 割礼の時期

割礼が男女ともに実施されるのは，12月であった．それは学校が年度末になり長期休暇に入るからという理由と，少年・少女は割礼後の隔離明けとともにクリスマスも家族と祝うことができるという理由がある．割礼そのものはキリスト教との関連は言及されないが，12月はクリスマスの時期でもあり，隔離明けと同時にクリスマスを祝うのは，子どもたちにとっても親たちにとってもとても誇らしい大イベントであった．

ただその儀礼の様相も変化しつつある．「大統領令があるから」ということで，切除のみをおこない，隔離も祝宴もしない家庭もあった．祝宴をするとなると，親戚や近所など大勢の人が集い，ジュースやマンダジ（揚げパン）をふるまったり，時には食事も提供しなくてはいけない．「そんな金銭的な余裕はない」という母親もいた．ただ双子の場合は事情が異なっており，伝統的な方法で周到になされるべき，と双子の父親は語っていた．彼は月収の何か月分も祝宴につぎこみ，1年以上かけて準備をおこなっていた．儀礼については，各家庭や経済事情によるところが大きい［宮地 2004］．

(3) 割礼のもつ社会的な意義

そもそも，なぜ割礼が存在するのか，という疑問が湧くだろう．グシイではキリスト教が多いが，男女ともに割礼を行ってきた．男女それぞれに人生の区切りとなる儀礼があり，その中でも割礼は重要な役割を果たしてきた［LeVine et al. 1994；松園 1991；宮地 2004］．グシイ社会の割礼は，女性器の切除のみに重点が置かれてきたわけではなく，それに前後して行われる一連の儀礼を経ることが重要であった．グシイ語では乳幼児は「エケングウェレ（*ekengwerere* あるいは *omwana*）」，そして少女（未割礼）は「エゲサガネ（*egesagaane*）」，割礼を受けた少女は「オモイセケ（*omoiseke*）」，結婚した女性は「オモスバーティ（*omosubaati*）」，そして孫を持つようになると年長者として「オモンギナ（*omongina*）」と呼ばれる．この「オモンギナ」という呼び方は女性への尊称となっており，女性は割礼を経ることで，家庭内や社会で一人前とみなされるようになり，その後には結婚や出産，さらには孫の誕生といった変化に応じて，女性としての地位を確立させていくことができる．未割礼の少女の仕事は，弟や妹などの乳幼児の世話や母親の料理や畑仕事を手伝うことであるが，半人前としか扱われない．しかし割礼後は家事や畑仕事をより任されるようになる．こうした過程を経て，両親からもより尊敬されるようになっていくという．「エゲサガネ」という未割礼の少女を指すグシイ語は，「割礼も受けてない子」というからかいの言葉でもある．ほとんどの人が割礼を受ける地域の中で，子ども同士のピアプレッシャーも大きいものだろうし，割礼を受けない，という選択肢がなかったことも事実である．

グシイにおける割礼を考えるうえでは，ジェンダーの視点も重要な要素のひとつである．割礼前の子どもは，男女ともにジェンダーにともなう分業や行動規範についてあまり規制を受けない「無性」の存在とされている．しかし，割礼の行事を境にして「女性」としての地位の変換を遂げ［松園 1984: 29］[5)]，「女性らしさ（femininity）」が得られるとされる［Silberschdmit 1999: 64］．さらに割礼の行事では，女性が自己の従属的立場に対する感情や不満，男性への敵意を昇華できる一種の「力」が得られるという［Silberschdmit 1999: 72］．たとえば，後述する年長者の女性たちによる卑猥な歌や性交の様子を真似たダンス（**口絵 5**）は，通常，厳しい性規範のあるグシイ社会ではとうてい許されないとされている．しかし割礼の際には，このような非日常的な行為や男性をからかう態度や歌などが公に許され，それは女性にとって特別な機会であった．このように，割礼は「子ども」から「大人」へとライフ・ステージを上昇するだけではなく，女性「性」が付与されるというジェンダー・アイデンティティの意味合いも帯びている．そしてそれは男性にとっても同様である．

(4) 割礼前の心構え

ここで割礼前の心構えに話を戻そう．グシイでは，少年・少女は割礼を受ける前に，痛みに耐える勇気があるかどうかという精神的な準備を必要とする．それは，もし割礼中に泣いたりすれば，家族の名誉を傷つけることになるからだ．また親にとっても経済的負担がかかる．たとえば，割礼場所が汚されたとして，その場所や座る石などを清浄する儀礼を実施しなければならない．調査時点でも祝宴は縮小傾向にあったが，割礼に関連する準備では，祝宴でふるまう酒（*changaa, busaa* などの現地の酒）を作るための材料，すべての客の胃袋を満たすために十分な量の食事，割礼の施術者への謝礼等の手配も必要とされていた．特に双子の場合の祝宴は大きく，割礼の予定は少なくとも1年以上前から始まっていた．割礼は12月におこなわれるので，子どもたちの間でも学校などでだれが割礼を受けるか，ということが話題になる．エゲサガネとは呼ばれたくない，などさまざまな感情が入り混じる．しかし少女たちは「私は心の準備ができている．割礼を受けても泣いたりしない」ということを親に伝え，親も割礼を受けさせる．そのため，泣いたり，嫌がったり，逃げ出す子どもはひとりもいなかった．その点では，1990年代に反FGM活動の中で登場するような事例は（少なくとも参与観察した中では）見られなかった．

口絵3～6の写真は1999年調査時のもので，双子のケースである．割礼の施術は双子の女児だけではなく，その近隣のイトコや同性代の少女たちも一斉に受けていた．割礼は明け方におこなわれたが，その前日は親戚や近所の人びとが集まり，夕食やジュースをふるまわれる．音楽が鳴り響き，大きなパーティであった（**口絵3**）．夕食にはヤギのシチューがふるまわれ，200名近い人びとが集まっていた．その騒ぎが明け方まで続き，少女と祖母，割礼をおこなう看護師が割礼の場所に移動した．少女たちは大きな木の下に並んで座っている．そして順番に椅子に座り，割礼を受け，そしてまた木の下に戻り，出血が止まるのを待っていた（**口絵4**）．ある程度時間が経つと，少女たちは祖母に付き添われ，それぞれに家に戻っていく．**口絵5**が示しているのは，割礼の施術から帰る際の祖母たちの意気揚々としている姿である．彼女たちは，高らかに歌を歌い，大きな声をあげ，卑猥な踊りを踊りながら練り歩いて帰宅する．孫娘が割礼を受けたことを心から喜び，それをまわりに示しながら帰宅の途に就く．一方，連れられている少女は，出血は収まったものの，まだ陰部の痛みが引かないせいか，よちよち歩くのがやっとという状態であった．そして彼女たちは自宅に戻ると，隔離小屋（この場合は同じコンパウンド内にある祖母の台所小屋）で寝泊まりをした（**口絵6**）．1週間後には隔離明け[6)]の儀礼がおこなわれ，その際には，子どもが割礼を終えた，ということで，父親と母親も祝宴の対象となり，ふたりも意気揚々とした笑顔であった．

(5) FCの当事者たちの語りから

この1999年当時は，大統領令は認識されつつも，まだ割礼の実施率も高く，人びとは誇らしく割礼の話をしてくれていた．この痛みを伴う儀礼を当事者の女性たちはどのように考えているのだろうか．

1990年代に入ると，大統領令（1982年）も看護師に知られるようになり，国連や国際NGOなどの活動の影響が農村の人びとの間にも少しずつ出てきた．時折流れるラジオからのニュースや新聞の記事から，女子の割礼はやめないといけないらしい，という声は聞こえてくる．父親に聞くと，「自分はやめた方がいいと思っているが，女子の割礼は，男が口を出すことではなく，母親が決めることだから」と話していた．またある看護師が言うには，親の影響で割礼を受けていないグシイ人女性（20歳）がいたが，結婚の際に，先方の親や親戚から，割礼を受けてほしいと言われ，割礼を受けにやってきたこともあるという．

また稀なケースであるが，農村にある自助グループでは，割礼や寡夫相続など女性にとって悪影響のある慣習はやめるべき，という活動をおこなっていた．その際に必要なのは，少女の母親や祖母を説得すること，割礼を受けないからといって学校でいじめられたりしないように，あるいはいじめられても割礼を受けないように少女を説得することだと話していた．

農村に住む少女たちにとっては割礼を受けないという選択肢はなく，また母親や祖母にとって，少女の割礼は自分の社会におけるステータスも上昇させることになる．陰部切除の被害を少しでも減らすために医療化が進み，経済的な問題から儀礼を縮小させる，という傾向があった．

ただ儀礼の縮小という点では例外があり，先にも述べた双子の場合である．グシイの場合は，男女ともに双子は祝福される存在であり，命名などもさまざまな儀礼を伴うとされているが，割礼も伝統的におこなうべき，という考え方が強い．筆者が調査した際にも，長期にわたり準備を重ね，施術当日や隔離明けの儀礼も盛大におこなったのは双子の場合であった．

(6) 医療化するFC

実はグシイだけではなく，近年の大きな変化として世界的に「医療化」への動きがある［Shell-Duncan et al. 2000］. 医療化された割礼とは，西洋医学を学んだ医師や看護師による衛生的な手術を意味し，女性の身体に影響が少ないといわれている．

グシイでは，かつてはオモサリ（*omosari*）と呼ばれる女性の割礼師が施術を担っていた．大統領令にもかかわらず，1980年代前半頃まで，ほぼ割礼師による施術であったと思われる［松園 1991: 136-37］．しかし1990年代に入ってからは，看護学校で西洋医学を学んだ看護師による手術に移行していることがうかがえる［Gwako 1993, 1995］．母親たちの子どもの健康に関する意識や知識は高くなっている．また看護師たちも反FGMの活動や大統領令について研修を通じて学んだと話しており，医療的に行いつつ，切除する部位を小さくしたり，小さな切込みを入れる程度にしたりするなど，なるべく少女の身体への影響が少なくなるような工夫がおこなわれていた．祖母たちは，そのようなほとんど出血がない割礼についてあまり快く思っていないようであるが，だからといって改めてやり直すということもない．時代とともに人びとの意識の変化から内容も変化しつつある．

2　KDHSから見るFCの変遷

ケニアでは人口や健康に関する全国調査（KDHS）が5年毎に実施されており，民族ごとのFCの実施率について知ることができる．FC（あるいはFGC）については，1998年から調査項目に追加され，2003年，2008～2009年，2014年と継続されてきた（ただし，1998年の段階では北東部州のエリアがカバーされていない）．まずは全国と民族別のデータを見てみよう．

(1) 民族ごとの実施率の推移

図3-1は民族ごとの実施率の推移である．これは女性対象者に対する質問で，「割礼を受けたことがあるか，もしくは長女（15歳以上）が割礼を受けているかどうか」という問いに対する回答の割合である（この調査では実施したかどうかの質問はあるが切除のタイプ別の質問はなされていない）．

図3-1により，民族ごとに大きな差があること，各民族で徐々に実施率が下

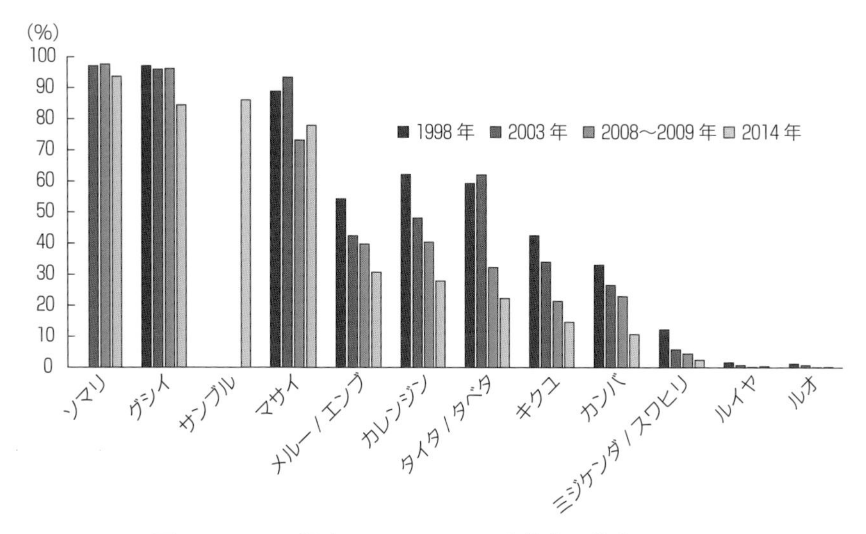

図 3-1　KDHS 調査による FC/FGC 実施率の推移（民族別）

注：ソマリ（Somali）は 1998 年には実施対象に入っておらず，サンブル（Samburu）も 1998，2003，2008〜2009 には対象に入っていないため，データが提示されていない.

出所：Kenya National Bureau of Statistics National Council for Population and Development (NCPD) [1999; 2004; 2010; 2015] より筆者作成.

がっていることが見て取れる．興味深いことに，FC の実施率が高いグシイの人びとの隣の地域に住むルオ（Luo）の人びとの間では，文化的には男子も女子も割礼はない．

ケニア最大の民族であるキクユ（Kikuyu）の人びとの間では，実施率が急激に下がっている（1998 年：42.5%，2003 年：34.0%，2008〜2009 年：21.4%，2014 年：14.6%）．キクユの FC といえば，1920 年代の植民地政府との「女子割礼論争」があり，また 1960 年代の独立運動の時代にも，FC を継続させるための運動があった．当時の独立運動の指導者でもあり初代大統領となったキクユであるジョモ・ケニヤッタ（Jomo Kenyatta）は，その著作 *Mount of Kenya*（1956）（邦題『ケニア山のふもと』1971）の中で，キクユとしてのアイデンティティと割礼の強い結びつきを論じており，「女子割礼の存続」は独立運動における反植民地政策への抵抗のひとつのシンボルでもあった．また他の民族であるメルー（Meru）の人びとも，1920 年代にはミッショナリーと現地の人びととの間でさまざまな抵抗をおこなったが，いまとなってはメルーの人びとの間でも実施率は減少している［Thomas 1996, 2003］.

これまでのKDHSのFC/FGC部分についてとりまとめた報告書が2017年に発表されており［Shell-Duncan 2017; Kandala et al. 2017］，全国調査の分析では，なぜ実施率が減少したのかということに関して，民族ごとの明確なデータは示されていないものの，母親の教育レベルや地域性（都会か農村か）との相関関係が報告されている．また一方で，経済発展との関連性が低いことも指摘されている．ケニアにおける反FGMの草の根活動（1920年から1990年）の研究では，1940年代から1950年代にかけて，キクユとカンバの女性たちの間で割礼が急激に減少しており，女性の経済活動の活性化との関連性も指摘されている［Robertson 1996］.

またこの実施率（娘が割礼を受けているかどうか）を地域別に示しているのが**図3-2**である．最も色の濃い部分は実施率が25％以上であり，薄い色になるほど実施率が低い．1998年から2014年までをみると徐々に実施率が下がる傾向であることがうかがえるが，北東部では依然として色が濃く，実施率が25％以上となっている．1998年の調査では北東部の州と他の北部のエリアでは実施されていないので比較しにくいが，2003年と2014年を比較すると，色が全体的には薄くなっていることがうかがえる．

ただこの図では，切除のタイプ（Ⅰ～Ⅲ）の違いを見ることはできない．切除部分（陰部封鎖（infibulation）かどうか）について，2014年の調査の際に初めて質

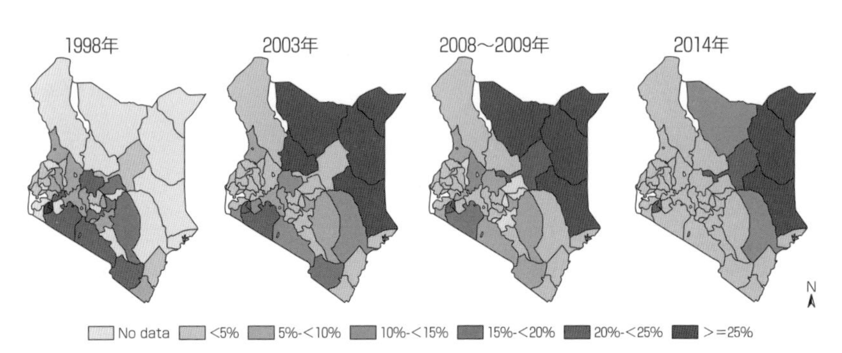

図3-2　ケニアにおけるFC実施率の変化

資料：Kenya National Bureau of Statistics National Council for Population and Development (NCPD)［1998; 2003; 2008; 2009; 2014］より．

出所：Kandala et al.［2017: 9］より引用．

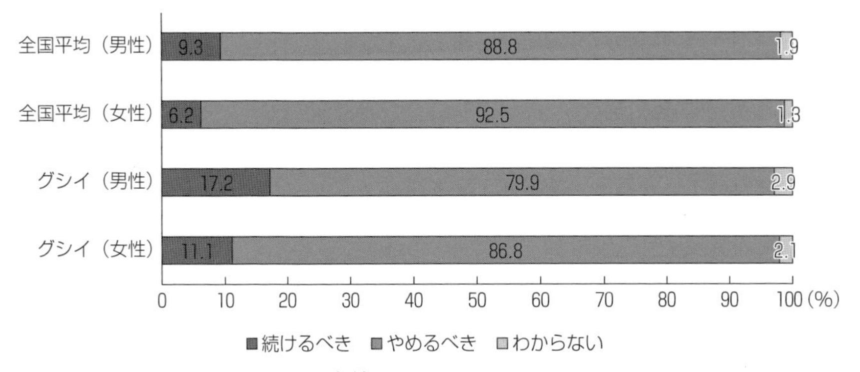

図 3-3　FC の存続について（全国とグシイの男女別）
出所：NCPD［2015］より筆者作成.

問項目として挙がっている．陰部封鎖（タイプⅢ）の実施率で，民族別で最も高い数値を示したのは北東部のソマリの人びとで，11.3％となっているが，陰部封鎖は低くなっていることが予想されている．先にも述べたようにグシイの場合でも，切除される部位については縮小傾向にある．

(2) 男性は FC をどのように考えているのか

KDHS の 2014 年の調査では，男性への調査も追加された．下記の項目は，FC を続けるべきかどうか，という設問に対して男女別（民族別）のデータが取られている（**図 3-3**）．

全体的には，男女共に FC をやめるべき，という意見の方が多数派である．ただし，男女別にみると，全国的にもグシイの場合も，男性の方がやや「続けるべき」と答えている割合が女性より高い．本調査ではこれ以上の詳しいデータが無いものの，2011 年に禁止法が制定されたのちも，存続を望む人びとがいることはうかがえる．

3　グシイ地域における反 FGM 活動とその影響

筆者が現地で調査をしていた 1998～2000 年の間では，農村における反 FGM の活動はそこまで浸透していなかった．当時は，農村には電気も電話もない時代であり，ラジオを持っている人もごく稀で，農村で新聞を読んでいる人も少なかった（特に女性はそれらメディアへのアクセスは少ない状況であった）．反FGMの活動をラジオ放送で聞いたり，新聞で見たりした人もいたが，全く知らない親もいた．看護師たちは研修でFGMの悪影響について学んだという．しかし学んだとは言え，「少女だちが割礼師のところに行き不衛生な施術をされることが心配だから」という理由で施術を引き受けていた看護師もいた．彼女は「もし希望者がいなければ，私はやらないわ．他に収入もあるし」と語っていた．また反FGM活動について見聞きした親に聞いてみると，「あれはマサイやソマリの人々がおこなうような，出血が多く，出産や体に悪い影響のある割礼のこと．自分たちの割礼と反FGMで禁止されているものとは違う」という見解を示していた[7]．

そのような中で，当時，キシイの中心部であるキシイ・タウンで反FGM活動をおこなっていたのは，全国組織であるMYWO（Maendeleo Ya Wanawake Organization，スワヒリ語で「女性の進歩」という名の全国組織）とFPAK（「ケニア家族計画協」，Family Planning Association of Kenya），そしてPATH（The Program for Appropriate Technology in Health）であった［宮地 2004: 124］．関係者にインタビューをしたところ，そのプロジェクトの担当者は「自分もグシイ人なので，人びとにとってこの割礼が大事だということはわかっている．その反FGM活動を強く推進しようとすると，人びとの反感を招いて，他のプロジェクトがうまくいかなくなる．だからあまり反対活動を展開していない」ということであった．ちなみにその彼女は，娘がふたりおり，娘には割礼を受けさせない，ということであった．MYWOは全国最大の女性団体であり，現在でもさまざまなプロジェクトを地域で展開している．反FGM活動もそのひとつであったが，他にも活動は多岐にわたっていた．MYWOでは反FGMのパンフレットを配布していたが，イラストや説明内容（出血多量で死亡する，などのメッセージ）は，グシイの人びとの現状とは異なっており，「私たちの場合は少しだけの切除だし，看護師がおこなうから，安全で大丈夫」という声が多かった．

図3-1が示したように，ケニアの中でもグシイの地域はFCの実施率が高く，今ではさまざまな活動団体がある．たとえば宗教的団体として，ADRA（Adventist Relief Agency），Action Aid，Julie K，Lutheran Outreach，Christian

Children's Fund（CCF），SDA，WAFNET などがある．また他の報告書では，医療系の国際的な団体なども名を連ねており，ATFC，Vivid Communication，CWS，AMREF，World Relief，MARLIN，PATH，Mosocho，RWAIDO などが活動を展開している［Evelia et al. 2007: 10］．

それら団体が実施しているのは，教会やコミュニティでのバラザと呼ばれる集会でのアナウンスやヘルス・トーク，地域のリーダーや宗教リーダーへの働きかけ，女子への教育（エンパワーメント，リプロダクティブ・ヘルス），代替儀礼（alternative rite of passage）の実践などである［Buttia 2016］．これらの活動はグシイだけではなく，全国展開しており，UNICEF や UNFPA などの国連機関などがスポンサーとなっている．

ただし活動は数多くおこなわれるようになったものの，Okemwa et al.［2014］によれば，これらの活動の対象である男性にインタビューをした際に，「割礼をしていない女性とは結婚したくない」と回答をした男性は 55％もいたという．さらに，この活動の指導的立場にある女性たち（教師や看護師）も，「自分たちの娘には割礼を受けさせる」と回答をしているという．この調査では 373 名を対象としており（15 歳以上），アンケートとフォーカス・グループ・ディスカッション，キー・インフォーマント・インタビューなどの手法がとられたが，調査結果としては，FC は成人儀礼として今なお重要視されており，FC の実施率も 99％と高いことが示された．反 FGM の活動は人びとの 93％に周知されているものの，反 FGM アプローチに対して協力的ではないという．その理由として，このような反 FGM 活動により「親を尊敬しなくなる」「娘が家から出て行く」「服装がみだらになる」などのネガティブなイメージが挙げられていた．

2011 年の禁止法の制定を受けて，教師や地域のリーダーや宗教リーダーたちは女子の割礼の悪い影響について学ぶ機会があり，また子どもたちも学校で DVD やテキストで FGM について学ぶ．そして最近では法律にもとづいて，女子の割礼の実施者や親が逮捕されるニュースも流れている．しかし母親が割礼をやめさせたくとも，祖母が反対し口論になることもあるという．先に述べたように，娘や孫娘の割礼は，婚入してきた母親や祖母にとって女性のライフ・ステージを上げるものであること，「女性」として確固たる地位を築くことなどを意味し，割礼は少女当人だけの問題ではないことも問題を複雑にしている．

そして他の調査が示すように，依然として「結婚の要件」と考える男性も少なからずいる．

おわりに

FCを取り巻く環境は，20年前と現在では大きく変わったように見える．反FGM活動については，ケニア全国で展開しているし，テレビやラジオ，新聞でも目にすることができる．そしてインターネットや携帯電話の普及もあり，人びとが農村に住んでいながら，それらニュースを知ることが可能である．これまでは村の中だけで一生を終えていた女性たちも，学校や仕事で都会に行くことも増えた．いまや農村から海外に移住することさえ稀ではない．かつて農村にいた知り合いの子どもたちは，ドイツ，アメリカ，中東など，いろんな地域に出るようになった．そのようなグローバル化の中で，民族が異なる者同士での結婚も増え，割礼の無い民族の男性と結婚し娘を出産したら，FCをおこなわないこともあるだろう．そして他の民族や国ではFCは無いことを知り，そもそも不要だと思う人もいるだろう．

本章では，グシイという西ケニアのひとつの民族における女子の「割礼」について，歴史や意義，統計などを踏まえながら多角的に論じてきた．反FGM活動はグシイでも実践されており，そこでは「ゼロ・トレランス」が唱えられている．「ゼロ・トレランス」では，どのスタイルの割礼も許されない．しかし第3節でみたように，まだ人びとの意識は法律での規制や反FGM活動に対して，期待されたようには変容していないこともうかがえる．植民地時代も含めると反FGMの活動は，ケニアでは100年以上にわたる．この歴史が明らかにしているように，もしかしたら2011年以降，看護師による施術が難しくなったことから，切除が秘密裏におこなわれるようになり，女性の健康を損なうことにもつながっているかもしれない．そして，このような議論はケニアでも過去にもおこなわれてきた[8]．医療化が進んだことで18歳以上を認めるべきだという声も出てきている（コラム3参照）．また男子の割礼もケニアの他の民族では「命がけ」の場合もあり，男子の生涯にわたる健康被害の可能性がある．グシイの人びとの間では「男性なら痛みに耐えてあたり前」という意識があり，

「女子割礼は無くなっても，男子割礼が無くなるなんて考えられない」とある男性は語った．最近では，違法となったFCについて，人びとはあまり語らなくなってしまっていたことから，現状については，さらなる調査が必要であると感じている．

最後に，数年前にグシイの農村の知り合いの家に泊まらせてもらった際に，薪で火をおこし料理をしている女子高校生と話した内容を紹介したい．私のFCに対する質問に対しては，彼女は「割礼は無くてもいいと思う．私はやったけど．健康にも被害があることもあるし，しなくても結婚できると思うから」と答えた．そして彼女は料理の手を止めることなく話を続けた．「まったく何で女の子だけが家事をしなくちゃいけないんだろう．男は全く料理をしない．座っているだけ．フェアじゃない」と愚痴をこぼしていた．

その彼女の言葉を反芻しながら，そもそも反FGM活動はだれのためのものだろうか，と考えた．このFC/FGC/FGM，さらには男子割礼，そして美容整形（コラム2参照）という新しいテーマを含めると，この課題は，複雑化していることがわかる．ケニアのみならず，世界的な反FGM活動が始まって実に40年以上が経過しているわけだが，この農村の女子高校生の言葉が示すように，反FGMの活動は現地に，そして女性たちに何をもたらしたのか．そろそろ別のアプローチや視点が必要なのではないかと思われてならない．

謝辞

本章の執筆にあたっては，下記の助成を受けた．ご指導いただいた松園先生はじめ，現地での生活や調査に協力してくれた皆様に改めて感謝申し上げる．

- 基盤研究（A）「東アフリカにおける国家主導の社会・文化変化と地域的適応に関する動態論的研究」1997-1999年度，研究代表者：松園 万亀雄）（課題番号：09041027）
- 基盤研究（A）「東アフリカにおけるグローバル化過程と国民形成に関する地域民族誌的研究」（2000-2003年度，研究代表者：松園 万亀雄）（課題番号：12371005）
- 基盤研究（B）「ポスト植民地における女性の身体――東南アジアとアフリカの「女性器切除」――」（2019-2022年度，研究代表者：井口 由布）（課題番号：19H04390）

注

1）筆者は1998年10月～12月まで，そして1999年11月～2000年1月に現地に滞在し，調査をおこなった．

2）本章では「女子割礼（FC: female circumcision）」と表記している．グシイ語では，「割礼」は *okwaroka* と呼ばれ，男女ともに用いられている．ケニアでは，その文化的な背景から女性の性器切除を「女子割礼」と呼ぶことが多いが，その施術を人権侵害と見なす立場では「女性器切除（female genital mutilation/cutting）」とも呼ばれる．本章では，female genital mutilation を FGM，female genital cutting を FGC と表記している．

3）本章では民族名として「グシイ（Gusii）」という表現を用いる．民族名は祖先のアバグシイから来ており，グシイ語で *Abagusii*（複数），*Omogusii*（単数）と使われる．植民地時代に Kisii という呼び名が使われたことから，地名として「キシイ（Kisii）」が用いられており，民族名でも「キシイ（Kisii）」と呼ばれることもある．

4）儀礼が縮小化する中でも「双子」の場合は例外的に盛大な儀礼がおこなわれた．双子は祝福される存在として，多くの儀礼がある［宮地 2004: 141］．

5）グシイの人びとにとって割礼を受けたかどうかは，日常的な生活にも影響する．たとえば祖父の葬礼の際にあたって，祖父の家の上の棒杭を抜くのは割礼前の男子（孫）の役割など，である［松園 1979: 76］．

6）伝統的には割礼の儀礼の締めくくりとして「エスボ（*esubo*）」と呼ばれる儀礼がおこなわれる．割礼を受けた息子を持つ父親たちは，大きなツボのまわりに集まる．そのツボには伝統的な酒（*Busaa*）が入っており，その同じツボから割礼を受けた息子のいる父親たちが，次々に長いストローで酒をすする．それが一通り終わると，その男性たち，女性たちは，一人前の親として社会で尊敬される親となる．隔離期間中の少年少女は「オムワレ」（シロアリを意味する）と呼ばれるが，このオムワレに対する儀礼は「エスボ」とよばれる隔離期間中の儀礼やそれに隔離明けの儀礼がおこなわれ，男女間での大きな違いはないとされてきた［松園 1991: 145; Mayer 1953: 11］．ただしこの儀礼も省略される傾向にあり，筆者が観察できたのは双子の儀礼の時のみであった［宮地 2004: 141］．

7）ただし本書の他の章（第２章のソマリ，第４章のマサイ，第５章のサンブル）の人びとの事例からもわかるように，現在では陰部封鎖の減少や，切除部分が縮小するなどの変化がある．

8）1990 年代に FC を禁じる法案が出されたが，それに反対した女性議員の中にはグシイ人も含まれていた．その７名のうちの１名であるキャサリン・ニャマト（Catherine Nyamato）議員は，法律で取り締まることに反対をし，その理由として，「グシイでは女子割礼の割合が非常に高く，割礼が名誉ある儀礼とされていること」，そして法律で禁止をすることによって，「人工妊娠中絶と同様に秘密裏に行われるようになることで逆に少女たちを死に至らしめる可能性」を挙げている［宮地 2004: 140］．

Column 2

現代における「美容整形」という女性器切除

「美容整形」という名のもとに，女性器の一部を手術する「FGCS: female genital cosmetic surgery」が欧米で実施されるようになり，日本でもその施術が可能となっている．本書で論じている文化や社会，宗教の背景を持つ女性の性器切除については，国連をはじめとして数十年にわたりその廃絶運動が活発におこなわれてきた．そしてアフリカのみならず，罰則規定も含めた法規制が進み，施術者や施術を依頼した親も厳しく罰せられるようにもなっている．そしてそれら慣習を持つ人びとが移民先の国で実施しないように，他の国々でも法が整備され，親や施術者が逮捕されている．

しかし一方で，先進国をはじめとして，美容整形という名のもとに実施される女性器切除が広がっている．日本でもウェブで施術方法の動画も公開されており，「陰部を清潔に保つため」「黒ずみを無くす」など，それら施術が「美容」や「健康」につながるような表現が用いられている．もともとは米国で美容整形が始まったのは 1930 年代と言われており，医療がビジネス化する中で，「完璧な身体」を目指そうとする考え方（「ボディ プロジェクト」）が社会で浸透してきたという［谷本 2008］．その流れの中で女性器も「美容」の対象となり，1990 年代から FGCS がビジネス化している［Tiefer 2008］．

ここでオーストラリアの事例を挙げたい．FGM については法律で禁止されている．ただし FGCS については近年大幅に実施件数が増えており，2001 年には 640 件であったのが 2013 年には 1500 件に増加するなど，専門家の間でもそれを懸念する声がある［RACGP 2015; Simonis et al. 2016］．また，オーストラリアでの総合診療医（general practitioners）に対するアンケート（回答者 443 名）によると，35%が 18 歳未満の女性からの問い合わせを受けたことがあると回答しており，18 歳未満の少女への FGCS はより重大なリスクであるという見解が示されている．

また心理的な影響はどうであろうか．第 1 章で宮脇が論じている FGM に関する健康被害や心理的悪影響については，さまざまな調査結果が出ている．しかし FGCS の場合は，先に述べたオーストラリアの医師に対する調査では，「クライアントの心理的状況」に関する問いに対し，「心理的課題を抱えているだろう」と回答した人が半数以上で［Simonis et al. 2016］，FGCS がそのような心理的・身体的不完全さを解消するための方法となっている可能性がうかがえるのである．王立オーストラリア医科大学（The Royal Australian College of General Practitioners）のガイドラインでは，急激な FGCS の増加に対し警鐘を鳴らしている．女性たちが女性器の多様性や健康についての教育が必要なことや，精神的な不安定さがある場合にはまずはカウンセリングを薦めた方がいいこと，また女性器に問題があれば，FGCS ではなく産婦人科でアセスメント受けることなどを推奨している［RACGP 2015］.

近年，米国，英国，オーストラリア，そして日本，南アフリカなどでも行われている FGCS について，もしこれらを WHO の FGM の分類に当てはめるならば，タイプⅠ，タイプⅣに相当するだろう．世界的にはどのタイプの「FGM」も禁止される「ゼロ・トレランス」の方針が取られている一方，FGCS は実践されているというダブルスタンダードが存在する．

これまで FGM はアフリカやイスラムなど特定の地域や文化と関連づけられ，反 FGM 活動は全世界に浸透してきている．しかし一方，FGCS も，ビジネス化し世界に広がる傾向にある．女性の性器切除をめぐるこの矛盾をどう考えるべきだろうか．

宮地歌織

Chapter 4

草の根のFGM/C廃絶運動と地元住民
――ケニア・マサイの事例から――

林　愛美

はじめに

1970年代後半に国際社会でfemale genital mutilation/cutting（FGM/C）を廃絶しようとする議論がなされてから約40年が経過した．ケニア共和国では1982年にFGM/C禁止の大統領令が出され，1990年代からは草の根レベルのFGM/C廃絶運動が開始された［Mohamud et al. 2006］．2011年にはFGM禁止法（Prohibition of Female Genital Mutilation Act, No. 32 of 2011）が成立し，国内外のさまざまな組織がFGM/C廃絶運動をおこなってきた［UNICEF 2013］．しかしながら，2020年の発表によるとケニア国内のFGM/C実施率は21％であり，現在もFGM/Cがおこなわれていることがわかる［UNICEF 2020a: 2-6］．

ドルケヌーは1980年のコペンハーゲン世界女性会議におけるFGM/C論争[1]を踏まえ，この慣習と闘っているアフリカの女性を支援する唯一の方法は，当該社会の人びとと共に特別なプロジェクトや教育活動を計画し，実行することである［Dorkenoo 1995: 63］と述べている．またベドリ［Bedri 2007: 1］は，20～30年間のFGM/C廃絶運動を経て，コミュニティの男女双方を対象とした持続的な介入が必要であることが確認された，と述べている．その上で，FGM/C廃絶を成功させるには，NGOが重要なアクターであるとしている．したがって，今日のFGM/C廃絶運動では地域に密着した組織のイニシアティブと住民の参加が重要なポイントとして認識されているといえよう．

ケニアに40以上ある民族のうちFGM/Cは約15の民族でおこなわれており，中でもマサイ（Maasai）は実施率78％と4番目にFGM/Cをおこなっている割合が高い［UNICEF 2020a: 2-6］．マサイはケニア西部から北タンザニアに至る半乾燥地域に暮らし，東ナイル系の南部マア語（South Maa，以下マサイ語）を使用する牧畜民である．マサイの暮らす地域は広範にわたっているものの，彼らはケニアにおいて人口の約2.2%を構成する少数民族である．マサイの人びとは通過儀礼の一環として男子割礼とFGM/Cをおこなってきた．マサイが多く暮らす地域のうち，ナロク・カウンティ（Narok County）は1990年代半ばから草の根のFGM/C廃絶運動の対象地域となっており，1990年代後半からはマサイの女性が主導するFGM/C廃絶運動がおこなわれてきた．

筆者はこのうち，ナロク・カウンティ中心の町であるナロク・タウン（Narok Town）を擁するナロク北部選挙区（Narok North Constituency）にて2012〜2020年にわたって断続的に現地調査[2)]をおこなった．この地域ではNGO[3)]や地域社会組織（CBO: community-based organization[4)]），そして地元のキリスト教会などがFGM/C廃絶運動に関わっている［Matanda et al. 2018; 28 too Many 2013］．それと同時に，FGM/Cが秘密裡に続けられていることも報告されており［Equality Now 2011: 23; Matanda et al. 2018: 23］，筆者の聞き取り調査でもそうした状況が確認された．

本章では，マサイの人びとによる廃絶運動がおこなわれていると同時にFGM/Cが維持されている状況について，あるCBOに着目しながらその実態を明らかにすることを目的とする．本章で取り上げるCBOは，マサイの女性が1999年に立ち上げ，ナロク北部に本部を置くOsotua（仮名[5)]）である．ケニアにおけるCBOは一般に，地域の住民で構成され，地域に根差した活動をおこなうNGOよりも小規模な組織を指す．しかしながらOsotuaは，少人数で運営される地域に根差した女性団体でありながら，国際NGOの支援を受けて少女の保護センターを運営し，100名規模のFGM/C廃絶プログラムを継続しておこなっているという特徴がある．したがって本章では，Osotuaを事例にマサイの女性が主導する草の根のFGM/C廃絶運動について明らかにする．また，地元でFGM/Cが維持されている状況において廃絶運動をおこなっているOsotuaが地域住民とどのような関係にあるのかについても報告する．

1 ローカル社会におけるFGM/C

(1) 調査地の概要と年齢体系

1970年代の調査にもとづく先行研究［Spencer 1988 (2004), 1993］によると，マサイの人びとは年齢体系という制度に沿った一生を送る．年齢体系は年齢階梯(age grades)と年齢組(age sets)から成る．年齢階梯は時系的に連続する社会的地位であり，年齢組は割礼を受けた男性だけが加入する組織である［Spencer 1993: 140］．男性は生まれてから割礼を受けるまでを「少年」として，割礼を含む通過儀礼を経てから結婚するまでを未婚の青年である「モラン」(*olmurrani*：複数*ilmurran*)として，結婚してからを「長老」として過ごす．モランとなった男性は結婚せず，地域の地理を把握するため広範囲を旅したり，少女たちとの恋愛を謳歌したりして4～15年を過ごす［Read 1979：邦訳 85-91］．こうして未婚の男性人口を確保することで，一夫多妻制が維持されてきた［Spencer 1993: 141］．ただし，2015年時点では調査地において確認できた143世帯のうち，一夫多妻世帯は60世帯のみであった．

一方女性は，男性に依存した形で社会的に位置づけられる．女性は結婚するまでを「少女」として過ごし，FGM/Cを含む通過儀礼を経て結婚すると「成人女性」となる［Spencer 1993: 140, 152-54］．少女は成人前にモランたちと社会的に認められた恋人関係を結び，性行為を含む恋愛関係を謳歌して過ごす．したがって，マサイ社会において結婚前の女性の処女性は重視されてこなかった［Talle 1988: 110］．ただし，調査地においてこの制度化された恋人関係を経験していたのは調査時60代以上の女性のみであった．

筆者の調査地は，ナロク北部にある人口約2000名の村である．ナロク・タウンに近い幹線道路沿いにある調査地は定住村となっており，生業は専業牧畜から農牧へ移行している．また，出稼ぎ労働の普及によって現金経済化が進んでいる．村には公立小学校やコミュニティ・クリニック，プロテスタント系の教会があり，子どもを学校や教会へ行かせる家庭も多い．

調査地では男子割礼はおこなわれているものの，独特の衣装をまとって青年集団だけで過ごすという「モランの慣行」は確認できなかった．2012年の調査時に54歳であった男性は，割礼後は中等学校に通い，「モランの慣行」をすることはなかったという．こうした変化には，男性の就学や出稼ぎ労働への参入が背景にあると考えられる．また，男子割礼はかつて，マサイの近隣に暮らす狩猟採集民のドロボ（*Ndorobo*）に依頼されてきた［Read 1979：邦訳 82］．しかし，2000 年前後に割礼を受けた調査地の男性は，病院で施術を受けたという．医師には当時で 1000 ケニア・シリングが支払われた．

マサイの結婚は，女性と婚資（花嫁代償）とを交換することで成立する［Spencer 1988（2004）: 25］．女性には慣習的に親の財産を相続する権利がなく［Sankan 1979：邦訳 37］，この慣習は現在でも緩やかに維持されている．牛や土地などの財産を相続，所有する権利を持たないことは，女性の社会的地位に大きく影響している．女性は FGM/C を受けて結婚し，夫側親族の財産に依存しなければならない状況に置かれてきた．ただし，調査地の既婚女性の多くはミルクや農作物の余剰分を販売する小規模ビジネスをおこなっており，季節的な現金収入を得ていた．こうした女性たちは，現金収入を共同で管理する頼母子講を立ち上げており，個人で所有できる財産を創出しようと努力していた．

（2）通過儀礼における FGM/C

マサイの男女の通過儀礼において最も重要なのはエムラタ（*emurata*）である．エムラタはマサイ語で性器変工（男子割礼，FGM/C）を意味する．マサイの社会ではエムラタによって子ども時代のよごれ（dirt / *oloirerio*）を取り除くことで大人になれると考えられている［Talle 1988: 105］．マサイの子どもと大人を分かつ特徴は，子どもをつくり，産むことが社会的に認められるかどうかである．

少女が思春期を迎えると，成女儀礼（女性の成人儀礼）を受ける準備ができたとみなされる．**表 4-1** では，先行研究と聞き取り調査にもとづいて 1980 年代頃までおこなわれていたと考えられるマサイの成女儀礼のプロセス[6)]を構成した．先行研究は，1970～1980 年代にケニアでおこなわれた調査にもとづく民族誌［Talle 1988］を参照した．また，同時期にタンザニアでおこなわれた調査にもとづく研究［Mitzlaff 1988（1994）］にも類似の記述が見られた．さらに，調査地で 1980 年代におこなわれた成女儀礼に参与した経験のある 40 代以上の女性にも聞き取り調査をおこなったところ，先行研究と共通した証言が得られた．先行研究と聞き取り調査にもとづくと，1980 年代のマサイの成女儀礼は以下の順

表4-1　1980年代頃のマサイの成女儀礼のプロセス

順序	項目
1日目	儀礼開始の合図
1日目夕方	剃毛
2日目明け方	沐浴
2日目早朝	FGM/C
2日目午後から4か月程度	隔離
4か月後	結婚

出所：Talle [1988]; Mitzlaff [1988 (1994)] および現地調査結果をもとに筆者作成.

序でおこなわれていた.

まず，儀礼開始の合図として少女の家の前にオリーブの枝が置かれた．合図が終わると少女は髪の毛や眉毛，全身の毛を全て剃り落とされた．髪の毛についてはこれ以降，儀礼が終わるまで何か月も伸ばしたままにしなければならず，少女は髪を洗うことも許されなかったという.

翌早朝，少女は施術前の沐浴をした後にFGM/Cを受けた．施術は少女の自宅でおこなわれた．施術を受ける際，少女は3人の既婚女性に背中と太ももを取り押さえられた．施術はエンカムラタニ（*enkamuratani*：複数*inkamuratak*）と呼ばれる熟練した年配の女性施術師が担ってきた．他民族に施術を依頼する男子割礼とは異なり，FGM/Cはマサイの女性が担う．女性の施術師はその技術において地域で尊敬されている［Talle 1988: 105］．調査地では，エンカムラタニへの謝礼を怠るとこれから生まれてくる子どもに災いが起きると考えられており，小家畜の脂のよくのった部分などが贈られてきた．地域の既婚女性と儀礼前の少女たちは施術の見学を許されてきた．見学に来た既婚女性たちが施術師に対して「もっと切れ！」といった野次を飛ばすことも少なくなくなかったという.

施術が終わると村人が招かれ，盛大な祝宴がおこなわれた．女性たちは少女のため，多産を祈る歌をうたった．FGM/Cは新しい成人の誕生を意味し，マサイの人びとに子どもの成長と幸福を連想させるものとされてきた［Talle 1988: 106］.

FGM/Cを終えた少女は，エンカイバルタニ（*enkaibartani*：複数*inkaibartak*）と呼ばれる少女と成人女性の間のリミナルな地位となって自宅で過ごした．2週間から1か月ほどして施術の傷が癒えると，エンカイバルタニは儀礼用の黒や紫の布を身に着け，友人や親戚を訪ねて回った．彼女は家から出るときには頭や首に儀礼用の装身具を必ず身に着けた．彼女は多くの時間を集落の成人女性たちと過ごし，後の結婚生活に備えることが期待されていた．一方，モランとは一切の交流を絶った．1～4か月後に結婚式の準備が整うと，リミナルな地位は終了した．少女がエンカイバルタニの髪の毛を剃り落とした次の日に花婿の一団が到着して結婚式となり，そこで通過儀礼は終了した．

1980年代頃の成女儀礼は概ね以上のようにおこなわれてきた．マサイのFGM/Cは出産の準備としておこなわれ，FGM/Cを受けていない女性が妊娠した場合は，直ちにFGM/Cが施されてきた．一方，FGM/Cを受けていれば未婚であっても，女性の妊娠はさほど問題とされなかった［Read 1979：邦訳 115-16; Talle 1988: 110］．また，未婚女性が処女であることは現在においても全く期待されていない．

(3) ナロク北部の村落部におけるFGM/Cの変化

1980年頃までは，調査地においても**表4-1**のようなプロセスで成女儀礼がおこなわれてきた．しかしながら，定住化した調査地では，儀礼の内容は変化している．特にFGM/Cのタイプ，施術道具，FGM/C後の慣習に変化が見られる．**表4-2**は，調査地の女性24名（既婚女性21名と未婚女性3名[7]）に対しておこなった成女儀礼についてのインタビュー結果である．女性たちがFGM/Cを経験した年代は1959年頃～2009年頃である．**表4-2**には女性たちが儀礼を受けた時期と特徴をまとめた．

女性たちは自身が経験したFGM/Cについて，どこをどれくらい切除されたのか，何回切られたのかなど，直接的な言葉で表現した．全ての調査協力者の施術は，WHOの分類にもとづくタイプⅠもしくはタイプⅡであると考えられる．タイプⅠには，「突起している部分だけ切り取られた」もしくは「一度だけ刃を入れられた」などの回答をした協力者の施術を分類した．タイプⅡには「突起している部分だけでなく性器の肉を全て切り落とされた」といった回答をした人の施術を分類した．施術された部分について具体的な表現をしなかった人については，切除をおこなった施術師に可能な限り確認を取った．ここで

表 4-2　世代による FGM/C の変化

（単位：人）

		世代1（N=7，うち就学者1）	世代2（N=4，うち就学者1）	世代3（N=6，うち就学者3）	世代4（N=7，うち就学者5）
施術の時期		1959〜1979年	1980〜1989年	1990〜1999年	2000〜2009年
施術のタイプ	タイプⅠ		2(1)	2(1)	6(4)
	タイプⅡ	7(1)	2	4(2)	1(1)
施術道具	手作りのナイフ（*olmurunya*）	5			
	工業製品の剃刀	1	4(1)	4(2)	3(2)
	医療用ナイフ			2(1)	4(3)
	不明	1(1)			
施術者	施術師（*enkamuratani*）	7(1)	4(1)	4(2)	7(5)
	医師			2(1)	
麻酔の使用	あり			1(1)	3(1)
FGM/Cの後	結婚	7(1)	3	1	
	未婚のまま		1(1)	5(3)	7(5)

注：カッコ内は就学者数．ここでは，学校に在籍したことがある女性を就学者とした．就学者のうち，初等教育経験者は中退者を含め5名（世代1：1名，世代2：1名，世代3：2名，世代4：1名），中等教育験者は中退を含め2名（世代3：1名，世代4：1名），高等専門学校経験者は3名（世代4：3名）であった．
出所：筆者作成．

はそれぞれに多様であると考えられるFGM/Cを便宜上ふたつに分類した．インタビュー調査は2013年8月19日〜2015年7月31日にかけて断続的におこなった．

表4-2からは，年代によってFGM/Cのタイプが異なっていることがわかる．1959〜1979年までにFGM/Cを受けた世代1では，7名全員がタイプⅡの施術を受けている．しかし1980〜1989年までにFGM/Cを受けた世代2では4名中2名が，1990〜1999年にFGM/Cを受けた世代3でも6名中2名がタイプⅠを受けている．一方，2000年以降にFGM/Cを受けた世代4では，7名中6名がタイプⅠを受けており，タイプⅡを経験していたのは1名のみであった．したがって，年代を追うごとにFGM/Cは軽度な施術に変化していることがわかる．

施術道具も年代によって異なる．世代1では5名が *olmurunya*（複数：*ilmurunyani*）[8] と呼ばれる金属を鍛えた柄のない小さなナイフで施術されており，工業製品の剃刀を使用されたのは1名のみである．一方世代2では，全員が工業製品の剃刀で切除されている．世代3になると，2名が医師によって医療用ナイフによる施術を受けている．世代4では，3名が工業製品の剃刀，4名は施術師が薬局で購入した医療用ナイフによる施術を受けている．以上のことから，調査地におけるFGM/Cの施術道具は手作りのナイフから工業製品の剃刀になり，医療用ナイフへと変化したことがわかる．また，医師による施術を受けたのは2名のみである．2001年の子ども法（Children Act, 2001［Republic of Kenya 2012a］）で少女へのFGM/Cが禁止されて以降，医師が施術を請け負わなくなった．その一方でこの頃から施術師が医療用ナイフを導入している．調査地では現金経済化が進み，調理用具などの生活用品は工業製品を購入して使用する生活様式が定着している．また，コミュニティ・クリニックができたことで近代医療が人びとの身近になっている．こうした変化も施術道具の「医療化」の背景にあると考えられる．

FGM/Cを受けた後について見ると，世代1の7名は全員が儀礼終了とともに結婚している．しかし世代2では，4名中1名がFGM/Cの後直ちには結婚せず，学業を続けている．世代3になると，5名が未婚のままであり，FGM/Cの後すぐに結婚したのは1名のみである．未婚の5名中3名は学校に通っており，FGM/Cの後も学業を続けている．世代4では，FGM/Cを受けて直ちに結婚した人はいない．また，未婚の7名のうち5名が就学している．以上のことから，調査地では児童婚の慣習も減少していることがわかる．これは，学校へ通う少女が増え，女性の結婚年齢が10代後半～20代前半頃になったことが要因であると考えられる．

しかしながら，FGM禁止法が周知されて以降，儀礼的慣行は急速に変化したと考えられる．2012年12月28日にナロク南部の村落部を訪問した際には，FGM/Cを受けたばかりのエンカイバルタニの少女と出会った．少女は儀礼用の装身具を着け，黒い布をまとって歩いていた．しかしながらこれ以降，儀礼中であることを表す衣装を身に着けている少女に出会う機会はなくなった．

聞き取り調査によると，2016年時点ではFGM/Cは村の女性たちに知らされることなく，夜中にひっそりとおこなわれているようであった．少女は剃毛されず，儀礼用の衣装や装身具を身に着けることもないという．また，施術後の盛大な祝宴もおこなわれなくなったようである．したがって村の女性たちは，FGM/Cの前後におこなう儀礼的慣習を省略してでもFGM/Cを秘密裏におこなうことを選んだようである．こうしたナロクにおける施術の隠蔽化は，他にも報告されている〔Equality Now 2011: 23; Matanda et al. 2018: 23〕．調査地では子ども法以降は医師が施術に関わることはなくなっている．そのため，村では伝統的施術師を継ぐ一般の女性が現れ，FGM/Cを続けているという．調査地でFGM/Cを受けていない女性は143世帯のうち4名のみ確認できた．4名のうち1名は村の牧師と結婚した他民族の女性であり，残る3名は反FGM/Cキャンペーンに関わってきた女性の家の娘たちである．そのため，2016年時点でFGM/Cを受けないことはまだ例外中の例外であった．

それでは，施術が隠蔽されている状況においてFGM/Cの情報はどのように共有されているのだろうか．2015年6月に偶然それを知る機会があった．調査地で親しかった女性のマリー[9)]が隣村に嫁いで出産したため，彼女の母親や親族の女性たちと出産祝いのため彼女の婚家を訪れた．婚家の女性たちを交えて2時間ほどお喋りをした中で，婚家でおこなわれたFGM/Cの話があった[10)]．

マリーの嫁ぎ先には，年頃の娘が3名いた．そこでは前年（2014年）12月に娘たち3名のFGM/Cを済ませたという．マリーの婚家のそばには国際NGOの支援で建てられた私立小学校があり，反FGM/Cキャンペーンがおこなわれている．そのため，事が知れないよう施術は慎重に計画された．家族は施術師を呼ばず，家の年長の娘が妹たちの施術をおこなったほどである．

マリーの姑は，娘たちがどんな様子でFGM/Cを受けたか，実演を交えながら事細かに説明した．施術にはマリーと姑が付き添った．姑によれば，3名の娘のうちひとりは叫び声をあげ，ひとりは目を背け，ひとりは口に布を嚙まされて切除されたという．娘の施術中に家の近くを車が通る音がした時には，警察が来たと思って全員息を潜めたという．しかし実際には警察ではなく通りすがりの車であった．以上のあらましを出産祝いの席でホスト側の女性たちと我々客人全員で共有した．姑の話に聞き手は息を呑んだり笑い声を立てたりし，大変に盛り上がっていた．

2　ナロクのCBOによるFGM/C廃絶運動

(1) マサイの女性が立ち上げたOsotua

ケニア政府はFGM禁止法第27条にもとづき，少女や女性をFGM/Cから保護するとともに，FGM/Cの「犠牲者」に対して公教育を提供するとしている．また，政府はケニア国民に対してFGM/Cの危険性や弊害について啓蒙するものと定められている．さらに第24条にもとづいてFGM/Cの実施や計画について知った一般市民は，警察に届け出なければならない［Republic of Kenya 2012b］．

マサイが多く暮らすナロクでは，カウンティ政府とNGOやCBOが連携して少女の保護体制を構築している．聞き取り調査によると，村落部で指導的な立場にある人物，たとえばローカル・チーフ（行政の長）や教師，牧師などは地域でFGM/Cの実施に気づいた場合は直ちに警察に通報するよう協力を要請されている．通報がなされると少女は警察に引き取られた後，児童局（Department of Children Services）の保護下に入る．そして児童局から委託されたNGOやCBOなどが少女の世話を担う．少女は親元を離れ，衣食住と公教育を提供される．

ナロク北部では，CBOやキリスト教会が児童婚やFGM/Cから逃れた少女のためのレスキューセンターを運営している．中でもマサイの女性が立ち上げたCBOであるOsotuaは，マサイのスタッフを擁し，レスキューセンターの運営とあわせて地域に根差したFGM/C廃絶運動を展開している．筆者は，2013年1月～2019年9月にわたって断続的にOsotuaの調査をおこない，スタッフや保護された少女たちと接する機会を得た．また，2015年8月14日には代替通過儀礼（以下，代替儀礼）の修了式に参加した．以下では，これらの調査結果を中心に，Osotuaの活動について記述する．

Osotuaは，マサイの女性が1999年に立ち上げた．創設者は，国際的な女性団体のウェブサイトに掲載されているインタビュー記事の中で活動を始めた理由を次のように述べている．彼女は1960～70年代にマサイの地域で幼少期を過ごしており，当然のようにFGM/Cを受けることになっていた．しかし，彼女はその地域で学校へ通い始めた最初の女子の世代であり，他の民族の少女たちがFGM/Cを受けていないことを知って自分もそうしたいと考えた．彼女が父親にFGM/Cを受けたくないと伝えたところ，父親は彼女の意見を支持してくれた．しかしながら，村の人たちの要請で結局はFGM/Cを受けることになった．彼女の言葉では，FGM/Cではすべてを切除され，出血が止まらなかったという．彼女は施術に耐えた後，体を休めながら，この慣習を止めるためにあらゆることをしようと誓った．

創設者の最初の活動は，仲間たちとマサイの村落部でFGM/Cの危険性を説いて歩くことであった．当時，反FGM/C運動は慎重におこなわねばならない雰囲気であったため，活動では住民にFGM/Cを考え直してもらうような談話をするという間接的な方法が採られた．たとえば，「女性の性器は出産の際に子どもを押し出すために伸縮するよう神によって創られているが，ケロイド化したFGM/Cの傷跡は出産時にうまく伸縮せず，子どもが酸素不足に陥る」といった説明が用いられた．

その後，創設者は国際的な女性組織のV-Day[11)]と出会い，遠隔地でのセミナーのための車を寄付された．V-Dayは2002年になると少女を保護するためのレスキューセンターの設立を支援した．それ以降，ナロク北部にレスキューセンターとOsotuaの本部が置かれるようになった．2013年の調査時，本部のスタッフは1名を除く全員が女性であった．本部には創設者である代表のほか，カレンジン（Karenjin）民族出身のプログラム・オフィサーとギクユ（Gikuyu）民族の会計係，そしてマサイの事務スタッフと女子寮の世話係が常駐していた．入口の警備のみ，マサイの老年男性が担っていた．

Osotuaはレスキューセンターの運営以外にもさまざまなFGM/C廃絶運動をおこなってきた．主な活動は，①少女の保護，②地域との交渉，③代替儀礼の実施，④啓発活動，⑤施術師のための職業訓練の5つである．

まず，①少女の保護のための活動として，Osotuaはナロク内のマサイが多く暮らす地域（ナロク南部とナロク西部）およびライキピア・カウンティ（Laikipia County）の一部に協力者のネットワークをもっている．筆者が調査したナロク北部の定住村ではFGM/Cは変化し，児童婚も減少している．しかしながら，広範なナロク内ではFGM/Cも児童婚も維持されている地域が少なくない．そうした地域では，ローカル・チーフや牧師，教師などがOsotuaに協力している．協力者たちは定期的にOsotuaのスタッフと連絡を取り合い，FGM/Cや児童婚が強制されていないかを報告している．彼らは，FGM/Cや児童婚を目撃したり，これらの強制から逃れた少女がいたりした場合，少女を保護してレスキューセンターまで送り届けるかOsotuaに迎えを要請する役割を担っている．

レスキューセンターに保護された少女には，衣食住が与えられる．レスキューセンターには，少女たちが生活するための寮，食堂，レクリエーション・ホールなどの施設があり，少女たちが長期滞在できるようになっている．保護された少女は，中等教育修了までの就学支援を受けることができる．Osotuaは授業料のほか，制服代や文具代など中等教育修了までにかかる一切の費用を支援している．2013年8月の調査時には43名の少女が保護されており，全員が初等学校や中等学校に通っていた．

次に，② 地域との交渉プログラムがある．Osotuaは少女を保護した場合，保護者に対して少女にFGM/Cや児童婚をさせないでほしいこと，また少女に教育を受けさせたいことを伝える．保護者の了承が得られた場合，少女はOsotuaの支援で学校に通う．そして中等教育を修了して実家へ戻る段階になると，彼女が地元へ戻りやすい雰囲気を作る「和解のためのワークショップ」が開催される．

2013年8月にナロク南部にある少女の出身地で開催された和解ワークショップには，地元住民70〜80名が参加した．この時は，ゲスト講師が参加者に女子教育の重要性やFGM/Cの弊害についての講習をおこなっている．また，FGM/Cや児童婚がおこなわれた際の法的な罰則についても説明がなされた．最後に少女の両親がFGM/Cや児童婚を娘に押しつけないという同意書にサインをしてワークショップは終了した．

次に，③ 代替儀礼がある．これは，儀礼の文化的価値を認めつつFGM/Cを伴わないイベントを提案するプログラムであり，政府機関の反FGM委員会も推奨している［Anti-Female Genital Mutilation Board 2018］．Osotuaの代替儀礼は，4日間の教育期間と5日目の修了式から成る．第2節（3）で詳述するが，教育期間ではOsotuaのスタッフが講師となりFGM/Cとリプロダクティブ・ヘルス／ライツ（性と生殖に関する健康と権利）についての講習をおこなう．5日目の修了式には少女の保護者や地域住民が招かれ，少女たちがFGM/Cを受けずに成人することを全員で祝う.

次に, ④ 啓発活動とは, 少女に対する抑圧的な慣習を変革するための活動であり, 主にセミナーの開催を通じておこなわれる. セミナーには, FGM/Cの弊害に関するものやリプロダクティブ・ヘルス／ライツに関するものがあり, 対象者や規模は内容によって異なる. 2013年8月にナロク南部で開かれたセミナーでは, Osotuaのスタッフが講師となって地域の警察官, 医師, ローカル・チーフや指導的立場にある大人たちにFGM/Cの弊害や禁止法についての講習をおこなっている. 一方, 2013年8月19〜20日にかけてナロク北部のレスキューセンターでおこなわれたセミナーでは, ゲスト講師4名が, ナロク内の複数の学校を通じて招かれたマサイの少女39名に対して思春期教育[12]をおこなった.

最後に, ⑤ 施術師のための職業訓練では, FGM禁止法の影響で職を失った施術師に対してFGM/Cに代わる収入源を提供している. Osotuaはナロク内に穀物を育てるための100ヘクタールほどの土地を用意し, 元施術師が農作物から季節収入を得られるよう支援している. その他, 助産の訓練を実施するなどして現金収入を得られるような技術支援をおこなっている.

(2) Osotuaによるレスキューセンターの役割

2013年1月にOsotuaの本部を訪れた際, プログラム・オフィサーに話を聞くことができた. 彼女は, 児童婚から少女を保護したケースについて次のように話した.「Osotuaは, 婚資の支払いが済んだあとで娘を連れていくため, 保護者は激怒する. しかし, 説得すれば多くのマサイの人は私たちの活動を受け入れてくれる[13]」. また, FGM禁止法については,「法律違反でひとりが捕まれば見せしめとなり, 人びとはFGM/Cを控えるようになるだろう」と述べた. Osotuaに保護された少女の中には就学支援を受けて有名大学にまで進学した人もおり, プログラム・オフィサーはこうした少女がロール・モデルとなるだろうと考えている.

2013年8月にOsotuaを訪れた際には, 保護された約40名の少女たちは学校の休業期間のためレスキューセンターに滞在していた. そのうちインタビューに同意してくれた6名の少女から話を聞くことができた. 6名のうち3名は児童婚から，残る３名は FGM/C から逃れて保護されていた．

児童婚から逃れた３名は，10 歳頃に結婚させられることになっており，その前後に地域のローカル・チーフ，牧師，匿名の通報を受けた Osotua の代表によって実家や婚家から保護されている．本人たちは自身が児童婚をさせられていることや保護される対象であることを知らず，村から連れ出されたことを驚いたように当時の様子を語った．３名は結婚させられる前に FGM/C を受けていた．

一方，FGM/C から逃れた３名は，自分の意志で FGM/C を拒否していた．３名のうち２名は学校で，１名は教会を通じて FGM/C の啓発セミナーに参加しており，FGM/C を受けたくないと考えるに至ったという．ひとり目は９歳の頃に父親から「お前は学校へ行っていないのだからエムラタ（「割礼」の意味）を受けて結婚しなさい」と言われたという．彼女が母親に FGM/C を受けたくないと言ったところ，父に伝わって叱られたため，その場では親に従うと答えた．しかし儀礼前に家出して教会に逃げ込み，牧師の妻によってレスキューセンターに送り届けられている．ふたり目は，儀礼が開始されてから FGM/C の前日に教会に逃げ込んでいる．教会の牧師は彼女にレスキューセンターの場所を教え，交通費を渡した．そのため彼女は自力でレスキューセンターまで逃走した．彼女も母親に FGM/C を受けたくないと伝えているが，それが父に知れてとても怒られたため，家出を決意したという．３人目の少女も儀礼開始後に家出している．彼女は儀礼用の衣装のまま逃走し，別の集落の民家で保護された．その家の女主人は少女にレスキューセンターの場所を教え，洋服とセンターまでの交通費を与えたという．彼女は，実家が貧しかったので食い扶持を減らすために結婚させられそうになったのだと振り返った．３名のうち２名は FGM/C から逃走しているものの，FGM/C の後に結婚が決まっていることを知っており，児童婚についても自覚していたようである．

以上，少女たちが Osotua へ来た経緯を見ると，ナロクでは児童婚や FGM/C から少女を保護するネットワークがある程度機能していることやレスキューセンターの存在が地元住民によく知られていることがわかる．特に児童婚の場合，周囲の大人たちが少女を保護するために介入しており，マサイの人びとの間でも深刻に受け止められていることがうかがえる．一方 FGM/C については，啓発教育を通じて少女たち自身がFGM/Cを拒否する意志を持つにいたっている．FGM/Cを阻止しようとする周囲の強い介入は見られないものの，少女の意思を理解してくれる人はいるようである．

(3) Osotuaによる代替儀礼の有効性と課題

Osotuaにとって，レスキューセンターの運営と並ぶ重要な活動に代替儀礼の開催がある．代替儀礼とは，マサイの儀礼における文化的価値を尊重しつつ，FGM/Cを伴わないイベントで通過儀礼を代替しようとするものである．筆者は，2015年8月にナロク北部にある私立の女子小学校でおこなわれた代替儀礼の修了式に参加した．この学校はスペインのNGOの支援で設立され，レスキューセンターで保護された少女たちも通っている．2015年の代替儀礼には，FGM/Cを経験していない15歳までのマサイの少女約100名がナロク中から招待された．筆者の調査地からは8世帯より12名の少女が参加しており，修了式には少女の保護者や住民の女性が9名，男性が2名参加していた．Osotuaの代替儀礼は，少女と講師だけでおこなわれる4日間の教育期間と5日目の修了式から構成される．

5日目の修了式には少女の保護者や地域住民，FGM/C廃絶にかかわる国内NGOの代表たち，そしてカウンティの役人など合わせて300名ほどが招かれた．修了式ではキリスト教式のお祈りをもってFGM/Cの代わりとし，少女には儀礼の修了証書とOsotuaのレスキューセンターへのホットライン番号が贈られた．そして少女たちがFGM/Cを受けずに成人することを全員で盛大に祝福した．

修了式がおこなわれた小学校のホールには，4日間の講習で使われた英語のポスター教材が43枚ほど掲示されていた．教材はOsotuaのスタッフによって手書きで作成されたものであり，修了式の参加者はそれらを見ることができた．教材の使用言語は英語であったが，講習ではマサイ語や地域共通語のスワヒリ語（Swahili）[14]も併用された．

2015年の代替儀礼では，少女たちが「自分たち自身」，「子どもの権利」，「通過儀礼」，「人生の課題に対処する方法」，「HIV/AID」，「他人を尊敬する方法」，「将来良い妻になる方法」などについて学び，最終的には「FGM/CにNoと言えるようになること」が目標に掲げられていた．この目標を達成するために14項目のテーマが設けられ，Osotuaのスタッフおよび会場となった私立小学校の教員が講師となってテーマに沿った授業をおこなった．

Osotuaは教材の中でFGM/Cについて，「伝統や通過儀礼として，同輩からの承認を得るため，少女や女性の性的な欲望を抑制するため，少女が結婚できるようにするため，高い婚資を保証するため，少女の両親の地位を高めるため」といった理由でおこなわれると説明していた．また，マサイの社会で支持されている次のような考えは「迷信」であると示していた．それは，FGM/Cは「衛生上の目的でおこなわれており，貞節を保つことにつながるとともに出産を容易にする」という考えである．また，FGM/Cを受けていない「女性のクリトリスは出産時に子どもに害を与える」という考えも「迷信」であると記していた．さらに，「貫通の際にクリトリスは男性にとって毒になる」という考えもあり，Osotuaは少女たちにこうした通説は「迷信」であると指導していた．

代替儀礼の修了式では，少女たちがゲストにマサイ語やスワヒリ語の歌を披露した．歌はOsotuaが作成したものである．その歌のひとつは，「FGM/Cと児童婚を拒否して教育を受け，職業を持つ女性になりたい」という内容であった．Osotuaは代替儀礼の教育期間において女子教育の重要性を23項目にわたって説明するなど，最も時間を割いている．教材には，教育を受けた少女は「適切な年齢で，適切な人物と結婚でき」るようになり「児童婚することはない」と記されていた．また，修了式では「少女に教育を」というマサイ語のスローガンが書かれたTシャツが少女たちに贈られた．したがって，ここからは学校教育を受けることで少女がFGM/Cや児童婚を自ら拒否できるようになるという理想が読み取れる．

Osotuaは代替儀礼について，マサイの文化の価値を尊重して構築されていると説明しているが，筆者の観察にもとづくと，実際は儀礼用の衣装や装身具も用いられないなど文化的要素に乏しい．教育期間内には，講師が小学校の教室にて少女たちにリプロダクティブ・ヘルス／ライツについての教育をおこなう．したがって，このプログラムは儀礼よりも学校教育を連想させるイベントとなっている．

先行研究では代替儀礼について，「従来の儀礼で重要な役割を果たしてきた施術師や両親，コミュニティの成員が排除されがちである」［Winterbottom et al. 2009: 64］との指摘がなされているが，Osotua の代替儀礼も同じような課題を抱えている．第1節の（2）で示したように，成女儀礼は保護者によって企画され，儀礼の準備，施術，隔離期間において地域のマサイの女性たちが重要な役割を担う．一方，代替儀礼において少女の保護者や地域の女性たちは最終日にゲストとして招かれるのみであり，プログラムは家族や地域社会との結びつきが弱いものとなっている．

代替儀礼の中で Osotua は，FGM/C にまつわる通説は「迷信」であると教えている．しかしながら，FGM/C を受けない女性へのスティグマにいかに対処するかは示されていない．したがって「FGM/C は出産の条件である」という価値が支持されている地域では，代替儀礼に参加した少女にも後には FGM/C がおこなわれる可能性が残されている．

次に，代替儀礼参加者の意見を見ていく．2015 年の代替儀礼に参加したアンと修了式に参加した母親のジューン，そして隣人女性のナンシー[15)]に対し，2016 年1月 19 日に聞き取りを行った（下記の年齢は調査当時のものである）．

▶アン（12 歳）の意見

アンは6人きょうだいの第4子で次女である．彼女の姉は FGM/C を受け，初等学校を中退して 10 代後半で結婚した．アンは母親のすすめで 2015 年8月の代替儀礼に参加したという．アンは代替儀礼で学んだ内容をノートに記録し，家に持ち帰った．アンは人生の価値について学んだことが最も印象深かったと述べた．代替儀礼には友人が数名参加しており，会場でも友だちができたそうである．アンは参加を楽しんだという．実際に筆者が修了式の会場でアンに出会った時，彼女は快活に笑って式を楽しんでおり，会場の女子小学校をとても気に入ったと話していた．アンは代替儀礼が終わって帰宅した後，友人と FGM/C について話したという．彼女は筆者に「FGM/C は絶対に受けたくない」と述べた．また，アンの友人も FGM/C は嫌だと言っているそうである．アンは初等学校を卒業して中等学校に進学したいと述べた．彼女は将来大学の先生になりたいのだという．

▶アンの母親ジューン（37歳）の意見

ジューンは四男二女の母親であり，家畜のミルクを売る小規模ビジネスをしている．彼女は熱心なキリスト教徒であり，日々のお祈りを欠かさない．ジューンは，自分が経験した過酷なFGM/Cや児童婚，経済的な苦労は娘にはさせたくないという．そのため女子教育を推奨し，少女のエンパワーメントに力を入れているOsotuaの活動に賛同している．

代替儀礼の修了式に参加したジューンは，Osotuaと会場の小学校に良い印象を抱いたという．娘のアンは代替儀礼を楽しみ，会場となったOsotuaの提携校に通いたいとまで言っているそうである．この学校は国際NGOの支援で作られた私立小学校であり，村の学校に比べて設備面で充実している．ジューンの娘アンは代替儀礼が終わった後，絶対にFGM/Cは受けない，と宣言したそうである．娘はFGM/Cを強制された際にOsotuaに通報できるようホットラインの番号を渡されている．ジューンは，ホットラインが娘の態度に影響を与えていると指摘する．

> 娘たちがOsotuaから電話番号を渡されているのを知っていますか．うちの娘は番号を完璧に覚えていると言うのです．私が少し何かしただけで，娘は私の携帯電話でOsotuaに電話を掛けるふりをするのです．私は娘がいったいどこに電話をかけるのか驚いて見ているしかないのです．それで，最近われわれ親は悪いことはできない，と娘を恐れています．

ジューンは，村の女性たちがOsotuaに対して抱いている意見にも言及した．彼女は，伝統的な文化を好むマサイは「少女たちを低いところに置いている」ためFGM/Cをやめないだろうという．また，村の女性の多くはOsotuaのことをよく思っていないとも言う．それはOsotuaが「進歩的すぎる」からだそうである．自分はFGM/Cを受けているにもかかわらず娘たちにはFGM/Cを受けさせたくないというOsotua代表の主張は，マサイの人びとにとって納得できないものであるという．2015年に代替儀礼の案内があった際，ジューンの隣人は自分の娘の参加に消極的であった．それについてジューンは，Osotuaの理念が「彼女の体に入っていかなかった」のだと説明した．

▶隣人ナンシー（23歳）の意見

2009年に結婚したナンシーには，4歳になる一人娘がいる．彼女は自宅で野菜を栽培しており，余剰分を販売して少額の現金収入を得ている．ナンシーは就学経験がないが，一人娘を町の幼稚園に通わせており，宿題を見てやるなど教育熱心である．彼女は娘を連れて教会の日曜礼拝に毎週参加しており，聖歌隊にも所属する熱心なキリスト教徒である．

ナンシーは代替儀礼について，教会の日曜礼拝の時の案内で知ったという．彼女は，代替儀礼では村の娘たちにFGM/Cをしないよう教えるのだと聞いて興味を抱き，修了式に参加した．代替儀礼の後，近所の娘ふたりはFGM/Cを受けないことを表明しているという．ナンシーは，Osotuaのホットラインがあるために親たちも娘の希望を受け入れるだろうと言う．ナンシーに対し，自分の娘にはFGM/Cを受けさせるのかと尋ねると，本人の意思を尊重すると回答した．

> 私だってエムラタに意味がないと知っていたら，受けなかったのです．私は，姉たちも友人たちもみんなエムラタを受けていたから自分もすると言ったのです．だから娘が「友達がエムラタしているからしたい」と言ったら受けさせてやります．そのときは，家の中で夜中にします．

その後，2020年1月16日に調査地を訪れた際，筆者は久々にジューンと再会した．その際，2015年の代替儀礼に参加していた彼女の娘アンの近況を訪ねた．すると，アンは代替儀礼の会場となった女子小学校に転校したという．学校は寄宿制であり，学期中のためアンには会えなかったが，彼女は小学7年生になったそうである．ジューンは娘のFGM/Cについて以下のように話してくれた．

> 娘には今でもエムラタをしていないし，本人はこれからも受ける気はないと言っている．だって娘はOsotuaのホットラインを知っているでしょう．娘にエムラタを強制することはできないの．

同日，アンの進路について隣人の女性に確認したところ，アンは2018年12月にFGM/Cを受けていたことが明らかになった．アンには双子の弟がおり，2018年に弟の割礼がおこなわれた．弟が割礼された夜，施術師が密かに呼ばれ，アンは自宅でFGM/Cを受けたようであった．施術を見学する女性たちは招かれず，祝宴もおこなわれなかった．しかしながら，娘がFGM/Cを嫌がってCBOや警察に通報した場合，親は困ったことになるので，アンの場合は本人がFGM/Cを受けることに同意していたと考えられると隣人は指摘した．彼女は，「マサイの文化ではFGM/Cをしないことはものすごく悪いことだ．だからまだ隠れてやっている人たちがいる」と説明した．

アンと母親は，筆者のインタビューの中で一貫してFGM/Cをしないと主張していた．しかし実際は，秘密裏にFGM/Cをしていたことが明らかになった．さらにアンは，代替儀礼の会場となった私立小学校に転校していた．アンの母親は娘の教育に熱心であり，娘も中等学校への進学を強く希望していた．そのため，代替儀礼をきっかけに教育レベルの高い学校の存在を知り，転校することを選んだと考えられる．アンにとっては，代替儀礼におけるFGM/Cを手放そうというメッセージよりも，高い教育を受けて社会的に成功する女性像の方が魅力的に映ったのかもしれない．

ただし，筆者がインタビューしたアンとその母親，そして隣人女性たちがOsotuaのホットラインに言及している点には注目したい．彼女たちの発言からは，Osotuaの保護ネットワークが少女の親にとって一定の抑止力として機能していることがうかがえる．アンには，FGM/Cを受けたくなければレスキューセンターで保護してもらうという選択肢もあった．そのため，Osotuaの存在は少女がFGM/Cを選ぶ余地を生んでいるといえる．それでもFGM/Cを受けたアンの場合，隣人女性が指摘したように，本人がFGM/Cに同意していたと考えられる．アンの実践は，伝統を踏襲しつつ，村から出て高いレベルの教育を受けるという新しい自己実現の在り方を示しているのかもしれない．

3　CBOの役割と地元住民とのかかわり

マサイのCBOであるOsotuaは，レスキューセンターの運営のほか地域との和解プログラムや代替儀礼の実施，そして住民への啓発活動など多角的なFGM/C廃絶運動を展開している．第2節（1），（2）において，Osotuaがナロクの広範な地域で少女を保護するための協力体制を維持しており，実際にそのネットワークが機能していることが明らかになった．また，保護された少女へのインタビューからは，Osotua の運営するレスキューセンターの存在がナロクの住民に広く知られていることがわかった．さらに，Osotua は啓発のためのセミナー以外の場面，たとえば和解ワークショップや代替儀礼においても折に触れて FGM/C の啓発教育やリプロダクティブ・ヘルス／ライツ教育を取り入れている．したがって Osotua は，FGM 禁止法の中でうたわれている FGM/C からの少女の保護や女子教育の普及，そして市民への啓発といった FGM/C 廃絶のための目標を草の根レベルで遂行しているといえる．FGM/C を拒否した少女を保護し，親と少女の間で交渉を進めることができる Osotua は，FGM/C をめぐる親と娘の間の力関係を変化させる可能性を秘めている．

しかしながら，第 2 節（3）で述べたように代替儀礼参加後に FGM/C を受けている少女がいるなどプログラムには課題もある．Osotua の代替儀礼は文化的要素に乏しく，地域住民の参加が限られている．また，教育期間内の講習も学校教育に近いものとなっているなど従来の儀礼とは大きく異なる．さらに，FGM/C を受けない女性に対する支援がおこなわれないという問題もある．ナロクの調査地では，現在でも FGM/C を受けていない女性が出産することは忌み嫌われている．FGM/C を受けないという選択を支援するならば，こうしたスティグマへの対応も示さなければならないだろう．

Osotua は住民への啓発や女子教育の推進によって人びとが自然と FGM/C を手放すことを期待していると考えられる．しかし，代替儀礼に参加した後で FGM/C を受けて私立学校に転校した少女アンの事例を振り返ると，人びとは女子の就学と FGM/C を辞めることとを連動してはとらえていないようである．ただし，ホットラインが親への抑止力となっている側面もあり，Osotua は FGM/C の決定の場における親子の力関係に若干の変化をもたらしている．また，FGM/C から逃れた少女たちの例を見ると，FGM/C の啓発教育が効果を上げたようにみえる例もある．

一方，FGM/C を続けたい人びとにとって，Osotua は政府や警察権力と結びついた存在として認識されている．子ども法以降，女性たちは FGM/C を秘密裏に続けている．そのために村の女性が必要に迫られて施術師となったり，家族の女性が施術を担ったりしている．第 1 節の（3）で見たように，NGO やその関係施設の近隣住民は特に慎重に FGM/C をおこなっている．

第1節（3）で示したように，マサイのFGM/Cは時代とともに女性たちによって作り変えられてきた．施術はタイプⅡからタイプⅠになり，現金経済化や近代医療の普及によって施術道具の「医療化」が進んだ．したがってマサイの女性たちは儀礼やFGM/Cの変化をいとわない人びとであるといえる．そのため，Osotuaの活動圏内でもFGM/Cがおこなわれていることは，マサイの女性たちがOsotuaの代替儀礼を自分たちの「文化」としては受け入れていないことを示しているのではないだろうか．この理由としては，代替儀礼に文化的要素が少ないこと，地域住民の参加が限られていること，また出産にまつわるスティグマへの対処ができていないことが挙げられる．こうしたプログラムの課題に加えてマサイの女性たちは，FGM/Cの変化についてのイニシアティブを政府やCBOに明け渡すことに抵抗しているのかもしれない．

おわりに

本章では，マサイのCBOの活動とそれに対する地域の人びとの受けとめかたについて報告した．FGM禁止法が成立し，FGM/C廃絶運動が草の根レベルで推進されている現在，マサイの人びとは施術の隠蔽化などによって戦略的にFGM/Cにおける選択肢を保持しようとしている．一方，CBOのレスキューセンターは，FGM/Cを受けたくない少女の受け皿として機能している側面もあり，CBOの介在によってFGM/Cをめぐる親と娘の間の力関係には変化の兆しが見える．

2019年11月にケニヤッタ大統領は国内のFGM/Cを2022年までに廃絶することを大統領府で宣言し，ケニア22州で指導的立場にある人びと（opinion leaders）[16]が宣言書に署名した［President Republic of Kenya Website］．これを受けてケニア国内のFGM/C廃絶運動は今後一層加速することが予想される．マサイのCBOは今後，政府の強力なゼロ・トレランス政策を代行するだけの組織となるか，それともFGM/Cを取り巻く変化にさらされたマサイの女性たちに寄り添う組織となれるかが問われるだろう．

謝辞
本章の執筆にあたっては，下記の助成を受けた．
• 竹村和子フェミニズム基金（2014 年度）
• 特別研究員奨励費「ケニアのマサイ社会における成女儀礼の変容――暴力的慣習をめぐる女性たちの葛藤――」（2015-2017 年度，特別研究員：林愛美）（課題番号：15J06996）

注

1）1980 年のコペンハーゲン世界女性会議にて開催された NGO フォーラムには，20 か国から 8000 人が参加していた．そこで欧米のフェミニストが FGM/C をセンセーショナルに取り上げたため，アフリカからの参加者がこれに抗議して会議をボイコットする事態となった［Dorkenoo 1995: 61-63］.

2）本章では，ケニアで現在違法とされている FGM/C についての調査結果を示すため，住民のプライバシー保護の観点からフィールドの詳細な場所や名称，調査協力者の個人名などは示さない．

3）ケニアにおける NGO は，1990 年の NGO 連携法（NGO Co-Ordination Act）にもとづいて設立された NGO 連携委員会（NGOs Co-Ordination Board）に登録されている国内外の非政府組織を指す［NGOs Co-Ordination Board Website］.

4）ケニアにおける CBO は，地域に根差した活動を目的とした国内の小規模な非政府の非営利団体を指す．CBO は社会保障省の社会開発局（Department of Social Development）に登録される［State Department for Social Protection Website］.

5）CBO が保護した少女たちのプライバシー保護のため，組織の名称は明らかにできない．そのため本章では，団体の仮名としてマサイ語で平和や友好を意味する Osotua を使用する．

6）マサイの成女儀礼のプロセスについては，Hayashi［2017］での先行研究の検討をもとに加筆修正した．

7）インタビュー協力者は，調査助手の女性と付き合いが長く信頼関係があり，かつ FGM/C の調査に同意してくれた人に限定している．そのため，協力者の学歴などに偏りがある可能性がある．調査助手は，調査地に暮らす 1965 年頃生まれの調査時 50 歳頃の女性である．彼女は初等教育を修了しており，村の成人向け識字教室で教員をしていた経験がある．そのため，マサイ語と地域共通語のスワヒリ語を流ちょうに話し，読み書きができる．21 名のインタビューはスワヒリ語で，3 名のインタビューはマサイ語でおこなった．なお，ここで示したデータは林［2018］をもとに大幅に加筆修正したものである．

8）*olmurunya* は，金属などを鍛えて作られる柄のない三角形の小さなナイフである［Talle 1988: 105; Mitzlaff 1988（1994）: 88］．聞き取りによると，調査地では *olmurunya* の刃にトタンが用いられてきたそうであるが，2013 年以降の調査時にはこのナイフの現存は確認できなかった．

9）調査協力者の名前は全て仮名である．

10）会話は全てマサイ語であったため，同席した女性に翌日翻訳してもらった．

11）V-Day は，アメリカの劇作家イヴ・エンスラー（Eve Ensler）が創設した女性への暴力に反対する市民運動を世界的に展開する組織である［V-Day Website］．

12）Osotua の思春期教育プログラム（Adolescent Reproductive Health）では，人間の尊厳について，人生の目標設定の方法，女子教育の重要性，そして思春期における体の変化とそれへの対処法という 4 つのトピックにもとづいた講習がおこなわれた．講習の内容を見ると，このプログラムは国連機関や WHO が提唱する「包括的なセクシュアリティ教育（Comprehensive Sexuality Education）」［UNESCO 2018］を基にしていると考えられる．

13）娘が結婚前に逃走した場合，支払われた婚資がその後どうなるのかは聞き取れていない．

14）スワヒリ語（Swahili）はニジェール・コンゴ語族のバントゥ諸語（Bantu）に属する東アフリカのリンガフランカ（Lingua franca：地域共通語）であり，ケニアでは国家語（National Language）に採用されている．

15）調査協力者の名前は全て仮名である．

16）地域の年長者や宗教指導者たち．

Chapter 5

〈女子割礼／女性器切除〉をめぐる多様性と柔軟性のエスノグラフィー

――ケニア牧畜社会におけるFGM/C廃絶運動の功罪――

中村香子

はじめに

欧米の主導によって推進されてきた反FGM/C運動は，当該諸国における廃絶運動や禁止法の整備に結びついてきた．しかしながら，こうしたトップ・ダウンの廃絶に向けた動きに対するローカル社会の当事者たちの反応に関しては，現場で活動するNGOなどの活動報告などによってわずかに明らかにされているにすぎない（e.g. Mohamud et al. [2006]）．当事者はどんな気持ちで〈女子割礼（FC: female circumcision）／女性器切除（FGM/C: female genital mutilation/cutting）〉を経験しているのか――そのリアリティを当該社会の外部に暮らすわれわれの多くがまったくもちあわせていない．禁止法の制定によってFGM/Cが厳罰化されてからは，それについてオープンに語ることは罰金や禁固刑のリスクを伴うタブーとなった．たとえ，当該社会に長年通い続けてきた人類学者であっても，この件についてストレートに語ったり尋ねたりすることが極めて難しくなっている．グローバルな廃絶運動と，これを解釈して対処しようとするローカル社会との隔たりはなかなか埋まることがないどころか，ますます乖離する一方である．廃絶運動が急速に活発化しているにもかかわらず，ローカル社会においてはなかなか廃絶が実現しない現状が，何よりこの乖離を物語っている．

そもそも，廃絶運動を展開する側の人びとは，〈女性器切除〉という事態が自身の慣れ親しんできた常識や価値観に照らしてショッキングであるために，当該社会の女性たちを「主体性を奪われた犠牲者」として固定的にとらえすぎてきたのではないだろうか．

ホジソン［2017］は，タンザニアのマサイ社会を事例に，ローカル社会を熟知した開発実践家たちは，反 FGM/C 運動の優先順位はその他の問題（たとえば，飢えや貧困，清潔な水や医療施設へのアクセスの困難さ）の解決に比べて低いと考えていると指摘する．それに対して，欧米の FGM/C 廃絶プロジェクト実践者や資金提供者，そして次第に増加しているアフリカ人「エリート」が「田舎の文盲な」女性たちを，FGM/C という悪しき慣習から「救ってあげよう」と躍起になっている．そして，こうした欧米の人びとやアフリカ人「エリート」は，ローカル社会を生きる人びとの発言に耳を傾けず，ひたすら語りかける姿勢を維持しながら，マサイのような「教育レベルの低い女性」，あるいはたとえ十分に教育を受けていたとしても「アフリカ女性」を文化的な「他者」であると決めつけているとホジソン［2017: 98-99, 114-21］は指摘している．

エチオピアの農牧民ホールの社会を対象として FGM/C とその廃絶運動をめぐる民族誌的な記述を蓄積している宮脇［2003, 2004, 2007, 2016］は，家父長制的な統制がつよい社会では，FGM/C とよばれる慣習の多くが，女性の再生産能力やセクシュアリティの管理と密接に関係していること，それが女性の健康に有害な影響を及ぼしていることを指摘する．そのうえで宮脇［2007: 278-80］は FGM/C の形態やそれに付与されている意味，その背後にある家父長制の形態は多様であり，その多様性を綿密に理解することが重要であることを強調している．そして，個々の社会はさまざまな権力が交差する個別の歴史的・文化的背景をもっていることをふまえたうえで，当事者たちがそれぞれの立場からどのような選択をおこなっているのかを明らかにすべきであると説いている．

そこで，本章では当事者たちの語りをできるかぎり活かした民族誌的な記述をとおして，ローカル社会を生きる人びとが反 FGM/C 運動をどのように受け止め，どう反応しているのか，そして，FGM/C をめぐってどのような変化がローカル社会に起きているのかを具体的に明らかにする[1)]．本章で事例として扱うサンブルは，ケニアのなかでも FGM/C をつよく維持している社会のひとつである．私は 1998 年から人類学的な調査を継続するなかで，人びとの経験をまぢかで観察し，ときには巻き込まれながら，FGM/C についても多くを見聞してきた．こうした経験をもとに本章では，可能な限り彼ら／彼女らの視点からこの問題を描いてみたい．

本章の前半では，ローカル社会がFGM/Cに付与してきた意味を社会・文化的な文脈のなかで明らかにし，後半では，近年の廃絶運動に対する人びとの反応を記述する．このことをとおして，共通の文化的背景をもつひとつのコミュニティの内部においてでさえも，当事者は多様であり，かつ，柔軟性ももちあわせていることが明らかになるだろう．そして，本章では，廃絶運動において「ゼロ・トレランス」を掲げる国際社会が推進する画一的で強力な処方箋の功罪を具体的に論ずる．

1 サンブル社会におけるFGM/Cの意味づけ

(1) 年齢体系における割礼と結婚

サンブルは，ケニア北中部に居住するマー語（マサイ語）を話す牧畜民であり，マサイとは多くの文化的な共通点をもつ．しかしながら，農耕化が進行しているマサイにくらべて，サンブルの居住域は乾燥・半乾燥地に広がっているため，牧畜への依存度が高い．牧畜に従事する人びとは，ウシやヤギを群れで飼養し，牧草地を求めて頻繁に移動しながら生活する必要があるため，定住して農耕を営む社会とくらべると，学校教育などの普及が遅れてきた．このために国際社会による開発プロジェクトにおいて，牧畜は「遅れた」生業と位置づけられることが多い．

サンブル社会はマサイと同様に年齢体系をもつ．年齢体系とは，性別と年齢によって人びとをいくつかのカテゴリーに分け，カテゴリーに応じた社会的役割と行動規範を付与するシステムである．サンブルの年齢体系では，このカテゴリー決定するうえで割礼と結婚が非常に重要な意味をもち，男性の割礼も女性の割礼も，ともに同じ *murratare* という単語で表現される（以降，年齢体系における通過儀礼を意味する文脈においては「割礼」という語をもちいる）．

サンブルの人びとは「人生において重要な事件は3つある．誕生と割礼，そして結婚だ」と言う．それほどに，彼らの人生において割礼と結婚のもつ意味は大きい．割礼と結婚は「新たな誕生」でもあり，これを経ることによって生まれ変わり，行動を一変させることが望ましい生き方であると考えられている．男性は，生まれてから15～25歳ぐらいで割礼を受けるまでは「少年」，割礼を受けてから結婚するまでは「モラン（*lmurrani*）」とよばれる．モランである時期の長さは人によって異なるが，およそ7～15年である．そして結婚後には「長老（*lpaiyan*）[2]」とよばれる．男性はモランになると同時に年齢組に加入する．年齢組は約15年ごとに組織され，割礼を受けてモランになった少年たちが新しい年齢組を構成する．それと同時に，それまでモランだった年齢組のものたちは，ほぼ同じ時期に結婚し，年齢組のまとまりを維持したまま長老になる．結婚してモランを卒業した男性にとっても，自分の年齢組は非常に重要なアイデンティティの基盤であり，さまざまな行動を規定し続ける．

「モラン」は，割礼を受けて成人とみとめられた未婚の青年たちであり，「戦士」と訳されることもある．「マサイの戦士」といえば聞いたことがある読者も多いだろう．男性にとって割礼を受けることは，一人前の人間として「新たに誕生する」重要な儀礼である．そしてモランは，とても独特な存在である．彼らは全身をビーズ装飾で飾り，長くのばした髪を編み込む．そして，女性の前では決して食事をとらず，同じ年齢組の仲間（エイジ・メイト）とともに食事をし，未婚の娘との恋愛やダンスを楽しむ．近年は学校教育の普及により，こうしたモランらしい生活をおこなうことが少しずつ難しくなってきているが，割礼を受けない男性はいない．

少年たちは，割礼の日が近づいてくると独特な黒い衣装に身を包み，集団で特別な歌をうたいながらこれを待つ．それは「待ち焦がれる」といったような，なまやさしい感情ではない．施術の当日，いよいよその瞬間が近づいてくると，少年たちは，つよい喜びがもたらす興奮のためにひきつけを起こしたり，叫び出したりする．私は，約20年間の調査のなかで何度かその場面に遭遇しているが，これほどまでにつよい感情で人間が何かを待つという情景をほかに見たことがない．施術の直前，少年は特別に用意されたウシの皮の上に立ち，清めの水を頭から浴びたあと，皮の上に両脚を伸ばして座る．あらかじめふたりの男性が選ばれており，ひとりが背中を抱え，もうひとりは脚を押さえる．このふたりの男性と少年は生涯にわたってつよい絆で結ばれる．施術が終わると，本人もふたりの男性も強烈な感動のために涙を流していることさえある．「新たな誕生」がつくられた瞬間である．

一方，女性は，生まれてから割礼を受けるまでは「少女（*ntito*）」とよばれる．

サンブルの結婚式には，従来，花嫁の割礼がふくまれてきた．つまり女性は割礼と同時に結婚してきた．割礼と結婚のあと，女性は「カイバルタニ（*nkaibartani*）[3)]」とよばれ，最初の子どもを身ごもった頃に「トモノニ（*ntomononi*）（年少既婚女性）」とよばれるようになる．そして，結婚後に約20年が経過し，第一子が割礼を受けるころになると，「ンタサット（*ntasat*）（年長既婚女性）」とよばれる．しかしながら近年では，女性の割礼を受ける時期と結婚する時期が，男性と同じように分離する傾向がみられるようになった．この要因はさまざまに考えられるが，そのひとつとしては，学校教育の影響があげられる．就学経験をもつ女性のなかには，性成熟に達しても結婚しない人びとが出現し，割礼を受けて「既割礼・未婚」という時期（こうした女性は「スルメレイ（*surmelei*）」とよばれる）を過ごすようになったのである．近年では，就学経験の有無にかかわらず，スルメレイとなる女性が急増している［中村 2016a］．

男性とは異なり，女性には割礼後に所属する年齢組はない．女性にとって割礼を受けることは，子どもを産むことができなかった身体から，産むことができる身体への劇的な転換を意味している［中村 2007］．サンブルのモランと割礼前の娘は，結婚するまでの短い期間に恋愛を謳歌する．この恋人関係は性関係をともなっているが，出産は厳格に禁じられている．割礼前の娘が身ごもった子どもは「ンゴセネット（*ngosenet*）」とよばれ，何代にもわたって集落の子どもすべてを殺してしまうような不吉な力をもつ存在としておそれられている．このため，割礼前の娘の妊娠と出産は注意深く避けられる．また，未婚時代の恋人関係を結婚につなげる「恋愛結婚」は，未婚期と既婚期の「けじめのつかない」「美しくない」ものであり，こうした結婚はうまくいかないととらえられている．モランと娘の恋人関係は，未婚期のあいだのみで完結すべき関係であり，娘が割礼を受けて出産可能になると同時に終焉を迎えるのである．そして従来は，娘の割礼は結婚と同時におこなわれてきた．

サンブル社会は一夫多妻であり，女性は自分よりかなり年長の男性，ときには父親より年長の男性の第二，第三夫人として嫁いでいく場合もある．結婚は，夫の候補者である男性本人あるいはその父親と妻の候補者の父親のあいだで話し合われ，合意に達すれば決定される．サンブルの女性にとっての結婚は，ある日突然に父親の宣告によって決定事項として知らされるものであり，本人が意見を差し挟む余地はない．夫の候補者である男性と妻候補者である女性は，多くの場合，お互いにまったく顔も知らない相手である．このことは，結婚の前後でがらりと「生まれ変わり」，未婚時代とはまったく異なる人生を生きていくことをよしとするサンブルの年齢体系にもとづく行動規範と密接に関連している．しかしながら，近年ではこのような結婚は「強制婚」という名のもとに避けられる傾向にあり，特に学校教育を受けた男女を中心に，恋愛を結婚に発展させようとする人びとも増えてきている．年齢体系にもとづく行動規範は，さまざまな社会変容のなかで希薄化する傾向にあるが，それでもなお，この規範に従って生きること，あるいは，生きようとすることはサンブルの人びとの民族アイデンティティの基盤であり，通過儀礼としての割礼と結婚の重要性はつよく維持されているといってよいだろう［中村 2011］．

(2) 割礼の施術と既婚女性たちから娘へのメッセージ

前述のようにサンブルの女性は結婚式のなかで割礼を受けてきた．サンブルの結婚式がおこなわれるのは，雨が十分に降り，ウシが遠く離れたキャンプから集落に戻ってきている緑豊かな時期だ．十分に草を食んだウシはミルクをたっぷり提供してくれる．新婦の母親はウシのミルクを攪拌して脂肪分を分離させ，バターをつくって娘の割礼の準備をする．割礼を翌朝に控えた結婚式の前夜には，父親や兄弟などの男性たちは家を出て近所の集落で眠り，反対に祖母や叔母などが泊まりにきて，家は女性と子どもだけになる．みな，ほとんど眠ることなく夜を過ごして朝を待つ．夜明け前，東の空がほんのり紫に色づく頃，割礼師の女性が娘の母親の小屋にやってくる．母親は，このときのために準備していたウシの皮[4)]を家の戸口を出たところに敷き，娘は静かにその上に立つ．そして，自分自身がその前日に泉から汲んできた清めの水を頭から浴びると，皮の上に両脚を伸ばして座る（**口絵 7**）．あらかじめふたりの女性が選ばれており，ひとりが娘の背中を抱え，もうひとりは脚をおさえる．割礼の施術にまつわるこれらの手順は，男子と女子とでほとんど同様だが，女子の場合には，男子のように歌をうたって施術を待つことはない．

また，女子の施術を執りおこなう割礼師は女性である．腕の良さで名前がよく知られている人が地域にひとりかふたりいる．割礼師は，投げ出された娘の両脚のあいだにしゃがみ，背中あるいは脚を押さえる女性のどちらかが娘のスカートをひょいとたくしあげる．サンブルの「伝統的」な施術方法はWHOの分類にしたがえば，タイプⅡである．真新しいカミソリが紙の包みから取り出されて割礼師に渡されると，彼女は右手の親指，人差し指，中指でしっかりとカミソリが少し湾曲するようにつかむ．そして左手でまず，クリトリスをつまんで切除する．そして，そのまま一気に両方の小陰唇をつまんで同時に切る場合と，左右の小陰唇を別々に切除する場合とがある．男子の割礼と同様に，割礼を受ける女性は，遠く一点を見据えて微動だにしないことが，素晴らしい態度であるとされている．施術はほんの数秒から数十秒で終わる．

女子の施術には，サンブル男性にもあまり知られていない小さな儀礼が付随している．施術が終わるやいなや，割礼師は娘の母親に向かって「バターはどこ？」と尋ねる．母親があらかじめ準備していたバターの詰まった小さな容器を彼女に差し出すと，割礼師はそのバターを指にとって，今カミソリを入れた傷口に塗る．そしてその直後に娘の両大腿部にも素早く塗る．そして「男たちよ，たかれ！」と小さく叫んでハエを叩くような所作で左右大腿部のバターを塗った部分をパンパンと軽く叩くのである．そして娘は，背中と脚をおさえていたふたりの女性に両脇を支えられて立ち上がり，小屋に入って前日に特別に設えられたベッドに横になる．

バターの塗布とハエを叩く所作，これはほんの数秒間で終わるひっそりした行為なのだが，その意味は深い．ここに表現されているのは，娘の多産を祈る母親たちのメッセージである．サンブルの言語では縁起のよいものを「香りよい（*koropir*）」と表現し，バターは「香りよい」ものとして儀礼の場面で象徴的にもちいられる．大腿部に塗られたバターは割礼を受けた娘自身であり，それにたかってきたハエは男性なのだと女性たちは語る（実際にはほんの5秒ほどのできごとで，ハエがやってくる時間はない）．そしてハエを叩く行為は「あなたに寄ってくる男性を逃がしてはいけない」というメッセージなのである．

これと同様のメッセージをこめて施術の数時間後にうたわれるサイアレケア（*saialekea*）という歌がある．娘の割礼が終わり，朝日がすっかり昇ると，今度は同じ母親の小屋の前で，去勢ウシが花婿と花婿側のクランの男性たちによって屠られる．これをもって婚姻が正式に成立する．昼が近づき，男性たちが解体されたウシの肉を配分したり，森で焼いて食べたりするのに奔走し始めると，集落はふたたび女性たちだけになる．このときを待っていたかのように娘の母親をふくむ年長の既婚女性たちはサイアレケアの歌を母親の小屋の入り口でとても明るくエネルギッシュにうたう．この歌の存在をたいていの男性は知ってはいるが，彼らはみなとても無関心で，比喩に満ちた歌詞について深く考えることもなく聞き流してしまう．

以下にその歌詞を示したが「わたしはたくさんの屋敷囲いを踏む」という表現には「その家の中に入って男性と性関係をもつ」という意味が隠されている．この歌には「できるだけたくさんの男性と性関係をもって，できるだけたくさんの子どもを産みなさい．わたしたちがそうしてきたように」という，嫁ぐ娘に対する母親たちからのあっぱれな教訓がこめられている．

サイアレケア：娘の結婚式に既婚女性がうたう歌

新郎よ！
そしてそこを行く人も，そこに立っている人も，そこで寝ている人も
驚くようなことが起きるわよ！

わたしはたくさんの屋敷囲いを踏む
わたしは見知らぬ男を追い返しながら屋敷囲いを踏む
わたしはたくさんの屋敷囲いを踏む
よそのクランの男の屋敷囲い
力のつよい男の屋敷囲い

訪れるものはみんな，わたしのサンダル（わたしの恋人）
道を歩いてくる人も
屋敷囲いを壊してくる人も
砂埃で白くなったサンダルを履いた旅人も
物乞いにきた人も
みんなわたしのサンダル
(2000 年採録)

サイアレケアをうたう女性たちは，かわるがわるソロをとり，思い思いの比喩をもちいて即興でうたい上げる．そしてときには，お互いの比喩を称えて大爆笑したり拍手喝采したりしながら，明るく，そして力強く小屋の中で横たわ

る娘に大切なメッセージをとどけるのである（**口絵8**）.

娘は，割礼を受けたことで「出産可能な身体」を獲得した．そしてその翌日には異なるクランの見知らぬ男性の集落に嫁いでしまう．既婚女性たちは，娘の割礼直後から旅立ちまでの限られた時間をつかって，サイアレケアをうたい終わったあとも，一貫してこの秘密のメッセージを繰り返して伝える．ときには「種をまぜなさい！」と，よりストレートな言葉で語って聞かせることもあるという．

(3) 既婚女性の性

既婚女性たちが割礼直後の娘に伝えるメッセージは，もちろん少し大げさである．しかし実際にサンブルの女性たちは，結婚後に比較的奔放に夫以外の男性と性関係をもっている．もっとも多いのは，婚入したクランのモランに新妻のときに誘惑されるケースである．サンブル社会では，一般的に男性の結婚年齢は女性より高く，また，第二，第三夫人として若い妻を娶りつづける夫たちは，若い妻がつねにモランの恋愛対象として狙われていることを認識している．そして実際に妻の不貞が発覚すると，怒りをあらわにしてそれを問いただすが，こうした問題は夫婦間で個人的に解決されることはない．まず，長老が会議を開き，そこに妻を誘惑した相手のモランを含むその地域のモランが集団で呼ばれて長老たちから説教を受ける．相手のモランはウシ一頭（あるいはそれに相当する現金）のペナルティを支払うことになる．ウシ一頭は日本円にすれば２～３万円と高額だが，ペナルティを支払いさえすれば問題は解決し，ゆるされてしまうのである．長老会議の場で夫が「絶対にゆるさない」と主張したケースもあったが，「おとなげない態度である」とその場にいた長老たちにたしなめられた．このプロセスからは，若い妻が若い青年であるモランに狙われるのは当然であると長老たちが考えていることがうかがえる．妻がモランとの子どもを妊娠していれば，出産後は夫の子どもとして育てられる．まさに，「種」がまぜられるわけだ．

サンブルの男性は子どもをつくることが難しいほどの高齢になってもさらに新たな妻を求めて結婚することがある．そのような場合には，妻を妊娠させる役割を託される若い男性が儀礼的に選ばれるが，実際には妻自身が自分で相手の男性を選んでよいことになっている．また，女性たちがみずから主導する「トロシ（*ntorosi*）」とよばれる多産儀礼が1970年代まではおこなわれていた．この儀礼は，なかなか子どもに恵まれない若い女性がいた場合に，地域の年長女性がリーダーシップをとって組織し，あらゆる世代の既婚女性が参加するものであった．この儀礼では，女性たちが集団で家出をして，歌をうたいながらさまざま集落を何日間も旅して回るのだが，その道中で，地域のモランを集団で「レイプする」のだという．2018年に，もっとも高齢の年齢組であったキマニキ年齢組の長老ふたりに尋ねたところ，「妻が『トロシ』に出かけるのを禁ずることは，夫にとって非常に縁起の悪いことであり，誰も制止することはできなかった．「トロシ」から戻ると，妻たちはいっせいに妊娠したものだ」と語った．そして「自分たちも（モランだった頃に）『レイプ』された」のだと言い，「○○クランの△△家の誰々は私の種だ！」と笑った．

近年では，学校教育やさまざまな開発プロジェクトの影響を受けて，恋愛結婚を志向する男女が増加しており，女性たちが「種をまぜる」というような風潮は薄れつつある．しかしながら，一夫多妻を維持し続ける厳格な家父長制社会の裏側に，女性たちの性的な奔放さを許容する側面があることは注目すべき点であろう．そしてこの事態は，サンブル社会の家父長制の根幹には，子孫を繁栄させるという女性の役割，すなわち「出産可能な身体」としての女性の重要性があり，その重要性を，既婚・未婚の男性と女性たち，すなわち社会の成員すべてが一丸となって維持してきたことを示している．そして，女性の割礼こそが，まさにこの「出産可能な身体」をつくりだすものとして位置づけられてきたのであり，現在もその意義は維持されている[5)]．

次節からは，FGM/Cの廃絶運動が拡大していくなかで，近年，どのような変化が起きているのかに焦点を移して見ていきたい．

2　サンブルの人びとの廃絶運動への反応

(1) さまざまなプロジェクトとFGM/Cの地下化・隠蔽化

ケニアでは「2001年の子ども法（Children's Act of 2001）」によって18歳以下の女子に対する割礼が禁止された．この頃から，さまざまな国際NGOによる

FGM/C 廃絶を目指した取り組みが活発化した．これにともない，ローカル社会の成員による CBO（Community Based Organization）も数多く組織されて，具体的な活動を担うようになった．その活動は主として啓発プログラム（人びとの言うところの「セミナー」）の実施であり，教会や学校，NGO のオフィス，屋外の木の下などさまざまな場所・規模でおこなわれている．ほとんどのセミナーでは，参加者に手当の支払いがあるため，多くの人びとは喜んで参加している．教育内容は，写真やイラストなどをもちいて，施術による健康被害を力説するものが主である．こうした活動により，ローカル社会の人びとのあいだに「政府や外国人は女子の割礼を好ましくないと思っている」という認識はしっかりと形成されたが，そのために人びとが態度を変えることはほとんどなかった．しかし，2011 年に制定された FGM 禁止法は，具体的に人びとの行動に影響を与えた．この法律は，施術を受けた女性本人とその両親，そして，施術をおこなった人物を刑罰に処するもので，2 万ケニアシリング（日本円で約 2 万 2000 円）以上の罰金か，3 年以上の禁固もしくはその両方という厳罰が科せられる［Republic of Kenya 2012 (2011)］．ケニアでは 2010 年に採択された新憲法のもとで，地方政府主導でさまざまな改革がおこなわれるようになったが，こうした流れのなかでローカル社会の政治的なリーダーであるチーフたちが廃絶運動の担い手としての役割を演じることを期待された．そして，身近な人が禁止法に違反したとして警察に逮捕されて高額の罰金を支払わされるということが見聞されるようになった．

サンブルの人びとはにわかに恐れ始めた．まず，警察や NGO の事務所などがある町周辺に居住する人びとが，娘の FGM/C を遠方の親戚のところで秘密裏におこない，何事もなかったような顔で戻るようになった．やがて，町から離れた牧畜集落においても，本来であれば結婚式のなかでおこなわれていた施術の日程を少しずらしたり，時間帯も早朝ではなく真夜中におこなうなど，検挙されないための工夫が一気に広まっていき，祝いの歌はもちろん，人びとが集まってチャイを飲むことも差し控えられるようになった．こうした事態は FGM/C の隠蔽化・地下化が急速に進行したと表現することができる．

(2) 新たな「スタイル」の登場

廃絶運動の影響にさらされるなかでひとつの大きな変化が起きていた．それは，施術の多様化である．前項で詳述したサンブルの「伝統的」な施術方法は，クリトリスと小陰唇の切除で，これはWHOによる分類ではタイプⅡにあたる．これに加えて，まったく新しい施術として「カティカティ（*kati kati*）」と「スナ（*suna*）」とよばれるものが登場したのである．人びとはこれらを新しい「スタイル（*staili*）」として認識している．「カティカティ」は，「真ん中」という意味のスワヒリ語で，クリトリスをすべて切除せずに，真ん中で半分だけ切除し，小陰唇は従来通りすべて切除する施術方法である．「スナ」は，タイプⅠであり，クリトリスの包皮のみを切除する施術方法である．サンブルの人びとは「スナ」を，傷が癒えた後に，外見からは施術をおこなったかどうかがわからなくなるものであると語る．

次に，30年以上のキャリアをもつベテラン割礼師であるMさんの言葉を示す．この語りからは施術の多様化がどのように起きたのかの一端を知ることができる．

> 2003年に私は初めて「セミナー」とよばれる場所に連れていかれました．その場所には，スワヒリ語しか話せないプロジェクトのスタッフと，女性の医師でサンブル語をしゃべる人がいました．私ともうひとりの割礼師は，学校のように机にすわり，女性の医師の言葉を聞きました．もっとも印象に残っているのは，こう言われたことです．「あなたは生きるために仕事をしているだけなので全然悪くありません．でもケニア政府が女子の割礼を禁止した以上，もう止めなければなりません．もし（割礼をするように）呼ばれても，まずは断ってください．そして，それでもどうしてもと言われたら，『スナ』で施術してください．もしそれもいやだと言われたら，ふつう通りではなく『真ん中』を切ることを提案なさい．それでもどうしても従来の切り方を要求されたら，2000シリング（約2200円）とりなさい」と言われました．それは通常の5倍の価格です．セミナーの直後には，私は価格も切除方法も変えることはできませんでした．なぜなら，そんなことをしたら，みんながもう私を呼んでくれなくなると思ったからです．でも，今は違います．私は現在では，娘本人にも，私を呼んだ母親にも，どのスタイルでやりますか，と尋ねるようにしています．つまり，ふつうのスタイルなのか，カティカティなのか，スナなのか，ということです．
>
> 最近では，私はカティカティで施術することを好んでいます．というのも，カティカティは，通常の切除よりも出血がいくぶん少ないことが多いからです．もし，親や本人

> が全部とってくれとつよく言わなければ，たとえ，ふつうのスタイルでと言われても，私はカティカティで切るようにしています．一度だけ，私は施術に呼ばれ，「施術のふりだけして何もするな」と父親に言われたことがありました．何もしませんでしたが，通常通りの金額を支払ってくれました．（2013 年採録）

Mさんの言葉からは，現在のサンブルのFGM/Cには明確に3つの施術タイプがあることがみてとれる．そして，これらの「スタイル」は，プロジェクトのスタッフと当該社会の医師が妥協的な策として割礼師に提案し，その後に割礼師が実践のなかで時間をかけて評価したのちに，取り入れていったものであることが理解できる．

(3) 人びとのアイデンティティと「スタイル」選択

このようにして生み出された3つの施術タイプから，人びとはどのように自分の「スタイル」を選択するのだろうか．Mさんの以下の言葉から，その選択には，その人の居住地，キリスト教徒かどうか，学校教育をうけているかどうかが大きく関係していることがわかる．

> 最近，「町」では，多くのひとがカティカティを好むようになっています．ふつう，スナは他の民族に好まれていますが，サンブルでも教会に通うサンブルであれば，スナを好むこともあります．「牧畜集落（家畜とともに暮らしている町から離れた家）」では，まだまだふつうのスタイルが選ばれていますが，一部の学校教育を受けた娘たちは，カティカティを好むこともあります．もし，娘が「低地」に嫁ぐということであれば，私はまちがいなく，すべて切除します．低地では，新しいスタイルは割礼とは認められないのです．（2013 年採録）

ここで居住地として「町」「牧畜集落」そして「低地」が言及されている．まず，サンブル社会において「町」は，「牧畜集落」と対置される．町とは店舗や定住型の家屋が建ち並ぶ場所である．ここに居住している人は，店舗を経営していたり，賃金労働に就いていたりする多くの異民族を含む．町に居住している多くのサンブルの男性は，店舗経営や賃金労働と牧畜業の両方をおこなっており，家畜を飼養する牧畜集落の家をもっていることが多い．典型的なかたちとしては，家族を二分割して一部が町に住み，残りが牧畜集落に居住する．たとえば，第一夫人が学校教育を受けていて，町で賃金労働に就いていれば，彼女を町に住まわせ，第二夫人は牧畜集落で家畜管理を担う．町に住む女性は，搾乳や放牧といった牧畜業における女性の役割を果たさないため，「伝統的」なサンブルの暮らしからある程度距離のある生活をしているという感覚をもっている．彼女たちは，特別の機会にビーズの首飾りをつけることはあっても，通常は洋服を着て過ごしている．

もうひとつ，「高地」と「低地」も対置されるカテゴリーである．Mさんが居住し，施術の仕事をしているのは高地であるが，低地は高地よりも乾燥しているため牧畜への依存度が高い．人びとは，家畜に食べさせるための草を求めてより広範囲に，かつ頻繁に移動する遊牧生活をしている．このため，学校教育の普及も高地に比べて遅れており，低地の人びとはよりつよく「伝統的」な規範を守りながら暮らしている．低地は高地よりも「遅れている」と評価される一方で，低地の人びとは「伝統的」であることに対して誇りも感じている[6)]．このため，低地ではFGM/Cの新しい「スタイル」を受け入れがたいと感じる人が多いという．Mさんの「低地では，新しいスタイルは割礼とは認められない」という発言はこうした事態に対応している．このようにサンブル社会には，学校教育の経験や居住地などによってカテゴリー分けされた多様なアイデンティティが存在している．

次に紹介するのは，小学校に3年間通学した経験をもち，高地にある牧畜集落に居住しているPさんの言葉である．彼女は2011年に割礼を受け，2012年に結婚した．彼女は，自身の居住地を考慮しながら主体的に施術スタイルを選択している．

> 私が割礼を受けたとき，割礼師は私の両親と私に「どのスタイルにしますか」と聞きました．私は高地の娘なので，スナやカティカティについては十分に知識を持っていました．私はスナは割礼ではないと知っていたので，スナは嫌でした．カティカティも，カティカティで切ると出血がひどいと聞いたので嫌でした．私はふつうの割礼を望みました．両親は言いました．「全部とってください」と．そして私も言いました．「全部とってください」．（2013年採録）

Pさんの「カティカティで切ると出血がひどいと聞いていた」という言葉が，前出の割礼師Mさんの「カティカティは，通常のスタイルよりも出血がいくぶん少ないことが多い」という発言と矛盾していたため，私はＰさんに，「カティカティで切ると出血がひどいのですか？」と聞き返した．すると彼女は，以下のように言った．

Ｐ：当時，私は誤解していました．その後，いろいろな人（の施術）を見てきましたが，カティカティの方が出血が少ないことがわかりました．でも，カティカティの出血は，スナのように少なすぎることはありません．カティカティの出血はちょうどいいのです！

著者：だとしたら，あなたはカティカティで割礼をすればよかったと後悔していますか？

Ｐ：それはありません．私は私のスタイルを気に入っています．

Ｐさんの発言からは，一度選んだ自身の「スタイル」に対する誇りが感じられると同時に，他者の異なる選択をまったく否定しない態度がうかがえる．

次に紹介するＬさんは男性の立場から施術タイプに関する意見を述べてくれた．彼は高地の牧畜集落に住んでおり，インタビュー当時，もっとも若い長老の年齢組（約30〜45歳）に所属していた．また，学校教育の経験はない．Ｌさんの発言からは，男性にとっては配偶者を選ぶときに，その女性の施術タイプが重要になってくることがうかがえる．そして，自分にふさわしい配偶者の「スタイル」を判断する際には，自分自身の居住地（高地か低地か）と所属する年齢組をひとつの指標としていることがわかる．

現在では，サンブルに３つの（女性の割礼の）スタイルがあるということを知らないものはいません．ふつうのものと，カティカティとスナです．私たち，高地のＭ年齢組のものたちは，カティカティを割礼と認めることができます．しかし，われわれは現在のところまだ，スナを割礼と認めることはできません．われわれはそれが不幸をもたらすと考えています．（2013年採録）

また，次に示すのは，前出のＰさんが別の機会に語った言葉である．彼女の言葉からは，当事者である女性の学校教育経験の有無，あるいは教育のレベルがスタイル選択と関連していることがわかる．

先日（2015年8月），この地域の４人の娘が同日に割礼を受けました．そのうちふたりはふつうの割礼を選びました．なぜなら彼女たちは，「ビーズの娘」（洋服ではなくビーズの首飾りを身につけている，学校教育経験のない娘）だからです．でも，のこりのふたりはカティカティを選びました．なぜなら彼女たちはセカンダリー・スクールに通う娘たちだからです．セカンダリーの娘たちは，みんな本当にカティカティが好きなんです．（2015 年採録）

学校教育を受けたサンブルの女性は，ビーズの首飾りをつけず，洋服を着て過ごす．このため，女性は就学経験の有無によって「学校の娘」と「ビーズの娘」に二分される．なかでも，8 年間のプライマリー・スクール（小学校）を卒業し，4 年間のセカンダリー・スクール（中学校）に進む女性は，調査時点ではまだ少数派であったが，「セカンダリーの娘」というひとつのカテゴリーを形成していた．そしてカティカティは「セカンダリーの娘」たちにとても人気があり，それを選ぶことが彼女たちのアイデンティティをつよく示すことにつながっていた．彼女たちは，カティカティというどっちつかずの中間的な新しい「スタイル」を選択することによって，「『伝統的』なサンブルの女性とは異なる新しい生き方を体現する私たち」というアイデンティティを示すと同時に，「伝統を大切にする心も忘れてはいない」ことを主張しているかのようである．高地の牧畜集落に居住する，セカンダリー・スクール 1 年生の T さんの以下の発言には，彼女が施術タイプの選択を主体性をもっておこなったこと，また，その選択にセカンダリー・スクールに通う女性としてのアイデンティティが関連していることが明確にあらわれている．

（2016 年 12 月．割礼の日に）まず，割礼師は私と母に「どのスタイルにしますか」と聞きました．母は「カティカティでお願いします」と言いました．私は母とスタイルについて事前に話さなかったけれど，この地域には 2011 年ぐらいからカティカティがやってきて，もう，私は自分がカティカティを選ぶことは当然だとわかっていたし，それがいいと考えていました．

それに，私たち（セカンダリーの娘）は，どのスタイルを選ぶのかを親に相談する必要なんかありません．だって私たちは自分のスタイルを認めてくれる（結婚）相手を自分で探すことができるのですから！（2017 年採録）

国際的にもケニアの国内でも，FGM/C の廃絶運動は保健医療，あるいは女性の人権の問題として扱われている．サンブル社会において FGM/C の施術をめぐる新しい選択肢はこうした廃絶運動の影響のもとに誕生した．しかしながら，サンブルの人びとが自分の施術について選択をおこなうとき，彼らは，支配的なディスコースである保健医療や人権問題をほとんど考慮していない．人びとは，FGM/C の施術についての選択を国際社会が提示するような「健康／不健康」「安全／危険」「正しい／誤っている」といった指標をもちいておこなってはいないのである．彼らにとってその選択はむしろ，欧米的な価値観が「伝統的」価値観と相剋する世界で，自分自身の立ち位置をどのあたりに位置づけるのかを表現する方法として，すなわち，自分自身のアイデンティティを「欧米的な価値観」と「伝統的な価値観」と関連づけながら表現する方法として重要なものとなっている．

3　廃絶運動の功罪

(1) 割礼を受けずに出産するという決断

つぎに厳罰をともなう FGM 禁止法が制定されたあとに起きた注目すべき変化について述べておこう．施術が隠蔽化・地下化して「女子割礼」のための祝宴がなくなったことは前述したが，「割礼を受けない」という選択肢も，極めて例外的ではあるが，とられるようになった．前述した割礼師Mさんの発言のなかに，「一度だけ，私は施術に呼ばれ，『施術のふりだけして何もするな』と父親に言われたことがありました」というものがあった．これを聞いたとき，私はこのときの娘がだれであるかの察しがついた．彼女は父親も母親も大学を卒業したエリートで，父親は国際 NGO に勤務しており，母親はサンブルとは異なる民族の出身である．この女性は「施術のふりだけ」の「割礼」の後，ケニア国外の大学に留学し，外国人と結婚して現在でも国外に住んでいる．つまり彼女は，つよく欧米化された価値観をもち，サンブルのコミュニティとは切り離された世界で人生をおくっている女性であるといえるだろう．大学レベルの高等教育を受けた女性のなかには，このような人が，FGM 禁止法の制定以前にもわずかに存在してきた．

しかしながら，次に紹介するＳさんは，８年間のプライマリー・スクール（小学校）を卒業しただけという，調査時点のサンブルにおいてごく平均的な教育レベルの女性である．しかし，父親が教会の牧師であることと，また，彼女の言葉からもわかるように彼女自身が父親以上に敬虔なキリスト教徒であることは，ほかの人びとと大きく異なる特徴である．2015年に彼女は低地の町に居住していたが，その次に会った2018年には，低地の牧畜集落に引っ越していた．

S：私は割礼を受けないまま，2014年に長女を産みました．私は割礼はよくないものであると知っています．聖書には，男性の割礼についての言及はあります．でも女性の割礼についての言及はありません．つまり，神がつくられたのは男性の割礼のみで，女性の割礼は人間がつくったものだということです．だとしたら，それは必要のないものなのです．私の夫（長女の父親）は，彼の両親に私を妻と認めさせるために，スナでいいからやってくれと言ったけど，私は断りました．

筆者：あなたのお父さんはあなたのみかたをしてくれたの？　彼は牧師だから．

S：父は反対もしなければ賛成もしませんでした．この件については何もいいません．父はニセ牧師だもの．日曜は牧師としてしゃべっているけど，そのほかの曜日に彼がお酒を飲んでいることを私は知ってるわ．

筆者：割礼を拒絶したままで，いつか彼と正式に結婚できると思う？

S：私は結婚できないと思います．つまり，私はサンブルの妻にはなれないということです．でも気にしないわ．私は教会で式をあげ，「シェリア・ハウス（役所）」に婚姻届けを出せばいいだけ．私はケニアの妻になるわ．（2015年採録）

Ｓさんにはふたりの同母の姉がいて，姉たちも低地の町に居住していた．私がＳさんにこのインタビューを実施したのは，ふたりの姉のうちのひとり，Ｊさんの家だった．Ｊさんは私たちに紅茶を淹れてくれながらＳさんと私の話を聞いていた．Ｊさんは2008年に「カティカティ」で施術を受けてスルメレイになり，その後にふたりの子どもを出産している未婚の母である．Ｊさんは言った．「妹（Ｓさん）が言うように，私たちのコミュニティで割礼を受けずに正式に結婚することはほぼ不可能です．だから私は妹に，ただほんのちょっとだけ，先端に軽くカミソリを当てて，１滴でも，１滴の半分でもいいからとにかく血を流して，割礼を受けたことにしてしまったらいいとアドバイスしました．でも，彼女はそれさえも拒絶しました．私は，彼女がそんなにいやなら，彼女のこの選択を尊重したいと思っています．そしていま，政府も（法律で）それをサポートしているのなら，だれも彼女に割礼を無理強いはできないと思います」と語った．

このインタビューを実施した2015年から3年後の2018年に，私はSさんを再訪した．彼女は第一子の父親とのあいだに第二子をもうけていて，その子どもを背負っていた．そして，依然として割礼を受けておらず，正式には結婚していなかった．彼女はその背中の子どもを私に見せながら笑顔でこう言った．「あのときから何も変わっていないけど，人生はゆっくりと進んでいるわ」．

2015年の時点で，Sさん以外にあとふたり，割礼を受けずに出産してサンブルのコミュニティにとどまっている女性がいたが，彼女たちはふたりとも，その後に思い直して割礼を受けることを選んでいた[7)]．そのほかの割礼を受けなかった女性は，外国人あるいはサンブル以外の民族の男性とのあいだに子どもをもうけており，すでにサンブルには居住していない（このため彼女たちのことは人づてに聞くことしかできなかった）．

現在までのところ，サンブルの人びとの価値観における女性の割礼の重要性は変わらずに維持されており，Sさんは極めて例外的な存在である．しかし，Sさんのケースからわかることは，彼女のように確固たる意志のもとにこれを拒絶する女性にとって，禁止法がその選択をサポートすることがあり得るということだ．Sさんの恋人の両親がSさんに割礼を受けてほしいと思っていても何もできずにいるのは，禁止法の存在によるところが大きいだろう[8)]．そのようなことをもし強要すれば，Sさんは警察に助けを求めるかもしれないからだ．

(2) コミュニティの分断と医療従事者による治療の拒絶

もうひとつ，FGM/Cの廃絶運動がより広くコミュニティ全体に与えた影響がある．それはこの問題に関して，メンバーの相互不信感がコミュニティ全体を覆っていることである．NGOが展開する廃絶プロジェクトは，よりつよく地方政府に働きかけるようになり，プロジェクトの成果を求めるNGOとチーフ（行政の最小単位である「ロケーション」ごとに任命される役人）が秘密裏に結託しているという噂をしばしば耳にするようになった．NGOはチーフに地域の人びとが禁止法を遵守するようにしっかりと監視するという役割を託し，もし，違反がみつかれば直ちに警察に知らせることができるようにと，携帯電話の本体とその通信料という名目で金銭を与える．チーフは，この金銭でコミュニティ内部の人間をスパイとして雇用する．もし，彼らが割礼儀礼の噂を聞きつければ，ただちにその情報をチーフに流すよう命じ，チーフは警察にその情報を伝えるのである．すると，儀礼の当日，その現場に警察がやってきて，娘本人とその両親，割礼師の4人が警察に検挙されることになる．その後にNGOは，そのチーフに彼らが「救った」娘の人数に応じて，コミッションを支払うのだという．

私は，NGOやチーフに直接インタビューを実施してこうした情報を得たわけではない．これは，あくまでも人びとの噂として語られていることである．しかしながら，NGOによるこの強引な「救済」は，娘を含む当事者たちを，留置所に拘留されるという不幸のどん底に突き落とすだけでなく，ごく親しいコミュニティのメンバーのだれかが「スパイ」としてこうした事態を招くことに加担していることが明らかであるため，コミュニティ内に不信感を醸成するという甚だ皮肉な結果を招来しているのである．

皮肉な結果がもうひとつある．「FGM禁止法」は，WHOの「FGMの医療化はこの慣習の廃絶にとって弊害である」［WHO 2010］という見解を反映しており，施術者を厳罰に処する．このために医療従事者は，施術はもちろん，術後の治療にさえ関与したがらなくなってしまった．さらにもしもそれがサンブル以外の民族であれば（近隣の町の病院に勤務する医療従事者はメルーやキクユといった別の民族の人であることが多い），治療を拒絶するだけでなく，施術がおこなわれたことについて警察に通報しかねないと人びとは考えており，このため，たとえば施術後の出血が止まらないといった事態が起きた場合も，病院に助けを求めることがとても困難になってしまっているのである．すなわち禁止法の制定によって，健康被害のリスクは高まっている可能性が指摘できる．

このように，厳罰をともなう現行の「FGM禁止法」と，それを利用しながら展開される廃絶プロジェクトは，現時点では人びとの平穏な生活を脅かす方向に機能していると言わざるを得ない．このため，廃絶プロジェクトに対する人びとの態度は，「無関心」から「警戒」へ，そしてさらには「嫌悪」へと遷移し始めている．一部の人びとのあいだに明らかに「反・反FGM/C」という感情が生まれており，このことには警鐘をならしたい．

おわりに
――ローカル社会の当事者とグローバル・ディスコースとの齟齬――

本章では，ローカル社会においてFGM/Cにいかなる意味が与えられてきたのかをふまえたうえで，グローバル，そしてナショナルに推進されるFGM/C廃絶運動の流れのなかでFGM/Cをめぐって現在ローカル社会に起きている変化を記述してきた．当事者たちの語りを活かした記述をとおして，彼ら／彼女らのリアリティを描写しようと試みたが，そのなかで明らかになってきたのは，ローカル社会の当事者たちは非常に多様であるということである．

レソロゴル［2008］は，学校教育がサンブル女性の知識や能力，価値観や行動様式に大きな影響を与えており，学校教育を受けた女性と受けていない女性のあいだに，相互にあたかも「異民族」になってしまったかのような分断が起きたことを指摘している．私自身の調査でも，1990年代から2000年前後のサンブル社会において，学校教育を受けた女性と受けていない女性の分断は明らかであった．学校教育を受けた女性は「学校の娘」とよばれ，結婚前に割礼を受けるという選択をおこなってスルメレイ（既割礼・未婚）になるのに対し，学校教育を受けていない女性は「ビーズの娘」とよばれて，未割礼・未婚期にはモランとの恋愛を謳歌し，結婚が決まれば割礼を受けて父親の決めた見知らぬ男性のもとへと嫁いだ［中村 2016a］．当時は，「学校の娘」となることは，確固たる覚悟のもとに決断されていた．親たちは，勉強への意欲を見せる娘を見極めて学校にかよわせたし，そうした娘たちの大多数は，簡単にはドロップアウトすることはなかった．「ビーズの娘」は「伝統」を生き，「学校の娘」は「伝統」から距離をとる．両者は対照的な存在であった．しかしながら，急速に社会変容が進行するなかで，より多くの娘が学校教育を受けるようになり，近年では女性たちの教育レベルも多様になってきた．いまや，就学経験の有無によって，女性をふたつのカテゴリーに分けることにはあまり意味がなくなった．すなわち，「伝統」に対する女性の立ち位置は，就学経験の有無による単純な二分ではなく，低地に住んでいるのか高地に住んでいるのか，牧畜業か賃金労働か，キリスト教会に通っているかどうかなど，複数の項目の多様な組み合わせを指標としながら，濃淡のあるグラデーションをなすようになってきた．

施術の「スタイル」の多様化はこうした状況下で起き，女性たちはその選択肢のなかから自分に合うものを選ぶことをとおして，そのことを自らのアイデンティティの基盤としながら，自己に対する誇りを高めていた．また，自分とは異なる他者の選択にも敬意を払いそれを認めていた．さらに，自分の選択も決して絶対的なものだとは考えておらず，変化に対する柔軟な姿勢も見られた．彼／彼女らの多くは，「今の私たちは，まだ，これ（FGM/C）がなくてはならないものだと考えている」という言い方でその重要性を説明した．こうした彼らの多様で柔軟な態度は，グローバルに展開されている画一的な廃絶運動が次第に強固さを増していくのと対照的である．

「ゼロ・トレランス」「だれひとり取り残さない」という国際社会の人道主義にもとづき活動する実践者たちの多くは，FGM/C をおこなってきた諸社会を多様性を欠く同質の集団としてとらえており，そうした認識は，一括した処方箋によって一気に問題を解決しようとする強硬策につながっている．本章で明らかにしたように，この固定的なとらえ方はグローバルとローカルの齟齬を生み出してきたし，こうしたアプローチでは，施術を軽微化させていくという当事者たちが主体的につくり出している変化を評価できない．そればかりか，強硬策はそれに抵抗する人びとのあいだに「反・反 FGM/C」というネガティブな感情を生み出し，柔軟性と多様性をもっていたはずの人びとの態度を硬直化させてしまう危険性を孕んでいるのである．

ローカル社会に息づいてきたさまざまな文化や規範は，急激に変化する社会のなかで新たなアイデンティティを模索しながら生きようとする個人個人によって絶え間なく形を変えている．FGM/C に対して，それぞれの社会が個別に与えてきた意味を理解することは前提として必要であるが，さらに，おなじ社会でおなじ時を生きていても――たとえば同じ両親のもとに生まれた姉妹であっても――個々人はそれぞれの人生の軌跡のもとで異なる選択をすることがある．外部者であるわれわれに求められる FGM/C に対する姿勢は，多様化する個人の数だけ異なる処方箋があり，それが時間とともに刻々と変化していることを思い知ることであろう．反 FGM/C 運動の推進にとって，それは最も遠回りに見えて，最も確実な道であると考えられるのである．

謝辞
本研究はJSPS科研費の助成を受けた．ここに記して謝意を表する．
• 基盤研究（C）「〈女子割礼／女性性器切除〉の民族誌的研究――多様な選択肢とアフリカ女性の社会的地位」(2015-2019年度，研究代表者：中村香子)（課題番号：15K01875)
• 挑戦的研究（萌芽）「「女性性器切除」廃絶の学際的研究――「ゼロ・トレランス」から「順応的ガバナンス」へ――」(2018-2021年度，研究代表者：宮脇幸生)（課題番号：18K18541)

注

1）国連がFGM/Cの根絶を実現すべき目標として強力に掲げ，国家によってその禁止法が制定されているいま，このトピックを語り，記述することの政治性はますます高まっている．私は人類学者として民族誌的な記述をおこなううえで，自分自身には彼ら／彼女らに代わって何かを発言する資格があるのかを自問し，また，自分の記述がだれかに不利益をもたらすのではないかという不安を感じてきた．同時に私は，圧倒的に発言力をもたない彼ら／彼女らがグローバル・ディスコースに翻弄されて苦悩したり，逆に，したたかにそれを利用することもあるという，その生きざまに魅せられてきたひとりとして，そのリアリティを発信したいという気持ちもつよくもってきた．私はこのように相反する思いに揺れていたが，いま，いよいよ行き詰まりが明らかな反FGM運動を少しでもよい方向に変化させたいというつよい思いから，宮脇［2007: 280］の言葉を借りれば，「『かれら』と同じ地平に立って，政治と経済と文化が錯綜する現代社会の迷路に踏み込んでいく」覚悟のもとに，本章の記述を決意した．

2）「長老」は“elders”という英語表記の日本語訳であり，「年長者」「年寄り」というニュアンスをつよく含むが，サンブル語の*lpaiyan*は「既婚男性」すべてを指す．

3）「カイバルタニ（*nkaibartani*)」は，「割礼を受けたばかり」という儀礼的なニュアンスを含む言葉である．男性の場合は，割礼直後からモランになるまでの1か月のあいだは同じ語の男性名詞で「ライバルタニ（*laibartani*)」とよばれる．

4）サンブル社会では自然死あるいは病死した家畜の皮よりも，食べるために屠られた家畜の皮の方が縁起が良いとされ，さまざまな儀礼用装身具を作るためには必ずこちらがもちいられる．割礼の時に少年，少女がその上に座り施術を受けるためにもちいられる敷き皮も，必ず屠られた家畜のものである．

5）人類学者は，東アフリカの牧畜社会を，男性が政治的，経済的，社会的，文化的に女性を支配する「家父長制」の特徴を非常につよくもつ社会として描いてきた．サンブル社会の先駆的な民族誌的研究をおこなったスペンサー［Spencer 1965］も，長老（既婚男性）が政治，経済，宗教のすべてにおいてつよい支配力を発揮する「長老制社会」としてサンブルを描いた．これに対して，ホジソン［Hodgson 2000］はこうした表象は，男性である調査者が現地の男性の語りのみから導き出した「神話」であって，現実を忠実には映し出していないこと，そして，女性たち自身の語りから今一度，牧畜社会を再考する必要性を説いた．本章で私は，サンブルにおける「家父長制」の根幹には「出産可能な身体」としての女性の重要性があると記述したが，一方で，サンブルでは閉経を迎えた女性たちにも，新たな社会的役割が与えられている［中村 2016b］ことも指摘しておきたい．

6）たとえば，男性がモランでいる期間は，「女性と食事をしない／ひとりで食事をしない」という規範があり，同じ年齢組の仲間と集まって食事をとってきた．しかし食事という日々の日常生活をつよく規制するこの規範は，特に，学校教育の普及が先に進んでいる高地においては，維持することが非常に困難であり，さまざまな例外がもうけられている．低地の人びとは，学校教育の重要性の高まりを時代の変化とともに感じながらも，モランがモランらしい生活をおくっていない高地を見て嘆き，「自分たちこそが真のサンブルである」という誇りを高めるという，アンビバレントな状況にある．

7）一度，割礼を拒絶したのちに思い直す女性は少なくない．これは，さまざまな廃絶プロジェクトが拒絶することを強力に支援し，ときには学資の補助といった大きな支援をしていることと関連していることが多い．こうした支援をおこなっている NGO のスタッフは，「支援を受けたにもかかわらず，その人があとで考えを変えて割礼を受けたことがわかれば，支援したものの返還を求める可能性もある」と語った．

8）S さんの今後の人生で，彼女が割礼を受けていないことが問題化するタイミングがもう一度やってくると考えられる．それは，S さんの子どもが割礼を受けるときである．母親が割礼を受けていない場合，男女問わず，その子どもが割礼を受けることはサンブルの規範上，現在のところは許されていないためである．S さんの今後に注目していきたい．

Column 3 ケニアにおけるFGM禁止法への異議申し立てと人びとの反応

2018年1月．ケニアでひとりの女性医師の発言が話題になっていた．「FGMを合法化すべきである」．タトゥ・カマウ氏は，「FGM禁止法」は違憲であると訴えた［*The Gardian* 2018］．ケニアでは，「2001年の子ども法（Children's Act of 2001）」（以下，子ども法）で18歳以下の少女に対しての割礼の施術が禁止された．その後，2011年には「FGM禁止法（Prohibition of Female Genital Mutilation Act）」が制定され，年齢を問わず，施術を受けた女性本人とその両親，施術者に対して厳罰が科せられるようになった．カマウ氏は，さまざまな判断がまだできない少女が，子ども法によって施術の強制から守られるべきであることは当然だとしたうえで，成人した女性の権利についてテレビニュースのカメラの前で力説した．

「私は，成人女性が自身で望み決断して施術を受けたにもかかわらず，投獄されるというケースをこの3年間にいくつも目の当たりにしてきました．私は成人した人間の判断を妨げてよい理由は存在しないと考えています．もし，女性が飲酒するとか，喫煙するとか，軍に入隊するといった，自身の身体を害し傷つけ得るその他のあらゆることをおこなうことについて，自分自身で望み決断してそれをおこなう自由があるのであれば，女性の割礼も同様に自身で決断できるものと考えます．そして，そのように決断した女性たちに対して，最良の医療ケアへのアクセスを閉ざすべきではありません」．

カマウ氏は，保健省でいくつかの重要なポストについている長いキャリアをもつ医師である．彼女は次のように続けた．

「（私の主張は）女性の割礼について，これを廃止する方向へと導く運動を否定するものではありません．過度な飲酒や喫煙はやめるべきだという活動がおこなわれているのと同様にこの運動は続けられるべきだと考えています．しかし私は女性として，私がするべきこと，するべきでないことを国会が決定できるということに恐怖を感じるのです．もし，国会が今日，ある文化を廃絶する力をもてば，それは明日には宗教の自由の剥奪，その次の日には，また別の自由の剥奪にもつながりかねないからです」（*KTN News, Kenya*）．

カマウ氏のこの発言がケニアじゅうを駆け巡っていたとき，私はちょうどケニアにいた．カマウ氏の主張はとても明瞭であり，大きなインパクトをもって人びとに受けとめられた．FGM禁止法の制定以降，人びとはFGM/Cというトピックについて積極的に発言したがらなくなっていたが，カマウ氏の発言は一般の人びとの秘めた思いを引き出す好機であった.「私が言いたかった思いを口にしてくれた」「彼女は真実を述べている」という声が多く聞かれ，ここぞとばかりに「私たちの文化はやはり守られるべきである」と主張し始める人びとも出現した．その一方で，廃絶プロジェクトに関与してきた人びとは,「私たちが長年努力してきて，ようやく変化の兆しが見えてきたところで，たいへんな妨害をしてくれた．いったい何のために？　非常に残念だ」と大きく嘆いていた．

また,「彼女は自分の商売のためにあんなことを言っているだけだ」という冷ややかな意見も少なくなかった．すなわち，施術の禁止が解かれれば，まちがいなく医療化は進み，医師は堂々と施術をおこなうことができる.「医師たちにとっては大きなビジネスチャンスである」という見方である．しかし，この意見に対しては,「現在，FGM/C の廃絶を叫んでいる人たちこそが（プロジェクトの金を目当てにそれに従事しており)，大きな商売をおこなっているのである」という反論も多く聞かれた．

いまや「反 FGM」というキーワードによってもたらされる資金は莫大である．それは「プロジェクト」をとおしてさまざま形で人びとに分配される.「だれがミルクを出すウシを殺すのか？」というのが最も皮肉な意見だった．直接的にせよ，間接的にせよ，人びとは廃絶プロジェクトから搾り取られるミルクの恩恵にあずかっている．廃絶が完了してしまえば，ミルクは出なくなる．FGM/C は生かしておいてこそ意味があるし，さらに，自由にこれがおこなえるようになってしまっても，ミルクは出なくなるだろう．

私は人びとの多様な反応を目の当たりにして，この問題の複雑さを思い知った．そして，こうした発言の機会にも依然として何も発言しない多くの当事者たちを思う.「自身の希望と決断」をしっかりもつことはたやすいことではないだろう．人びとの意見は噛み合わず，しかし，そのすべてがもっともでもある．外部者はいったいだれにどのように寄り添うことが可能なのだろうか．さまざまな批判・反論にさらされながらも，カマウ氏は自身の主張をゆるめることなく合法化を求めて2020 年現在もまだ闘っている．

中村香子

Chapter 6

スーダンにおけるFGC廃絶運動の系譜
——宗教が果たした役割に着目して——

アブディン・モハメド

はじめに

スーダンのFGC[1]実施率は世界的にみても高い水準で推移している［UNICEF 2013: 28］．これまでに，UNICEF，WHO，UNFPAなどの国連機関に加え，欧米各国の国際協力機関，国際NGO，ローカルパートナーとしての全国児童福祉評議会（NCCW），アハファド女子大学，多くのローカルNGOがFGCの廃絶を目指してきたが，データを見る限り，実施率が劇的に減少している証拠は見られない．

たとえば，同じく有害な慣習とみなされてきた瘢痕（美しさの象徴として，各民族で異なる形を顔に刻む）は，時代の変化によって，古めかしい時代遅れな慣習と受け止められるようになると，あっという間に消滅した．瘢痕については，国際社会，政府，ローカルNGOの力ではなく，単に，当事者自身がその必要性を感じなくなったことにより，自然に消滅したと考えられる．それでは，なぜ，同じ論理でFGCが消滅しないかという問いが浮かぶ．

本章では，スーダンにおけるFGC廃絶運動が進展していない諸要因を，歴史的背景，正当化の論理，あるいは廃絶に用いられた戦略の観点から解明することを目指す．特に宗教が果たした役割を中心に分析をこころみたい．本題に入る前にまず，スーダンにおけるFGCに関して，いくつかのポイントを解説することにしたい．

スーダンには，乳幼児に実施されるFGCと，出産後に女性器を縫い合わせる再縫合（re-infibulation）の2通りのFGCが存在する．本章では前者のみを扱うことにする．スーダンは1980年代までは陰部封鎖（タイプⅢ）が主流であった．しかし，同じタイプⅢであっても，その形態や実施方法には大きなばらつきがみられることに注意する必要がある．もっとも厳しいタイプから，限りなくタイプⅡに近いものまでとさまざまな形態が存在するが，総称してこれらは「フィルオーニ（エジプトの古代王のタイプ）」と呼ばれる．厳しいタイプⅢがさまざまな健康問題を引き起こすために，よりソフトなタイプに移行しつつも，「フィルオーニ」という言い方が残されたところには，もっとも伝統的方法でFGCを実施することへのこだわりが捨てられていないことがうかがえる．また，古代エジプトとこのタイプⅢが関連づけられていることから，この施術はイスラームの義務としてではなく，伝統儀礼として認識されていたことがわかる．

1980年代以降，世界的なFGC廃絶運動の波がスーダンにも押し寄せ，廃絶派対擁護派の軋轢が，スーダンにおいても高まり始めた．主流であったタイプⅢが健康に被害をもたらす危険性をはらむことに対して，ある程度の理解が浸透したものの，完全にFGCを取りやめることに対しては，合意形成が困難であった．そこで，特にトレーニングを受けた助産師（mid-wife）らが，より軽度のタイプにシフトし，保護者もより安全な環境での実施を希望するようになり，医療化が一気に進んだといわれている．しかし，軽度なタイプに移行する際に「軽いタイプがイスラームに沿ったやり方だ」という論理が用いられた．これはスーダンにおいてFGCの正当化に使われてきた根拠が，「伝統」からイスラームに移行したことを示している．本章では，こうした正当化の論理の変容を解明していく．

次節では，イスラームにおけるFGCの位置づけを理解するために，イスラーム制度の基本概念の紹介をおこなう．第2節では20世紀中盤からのスーダンにおけるFGC廃絶運動がおこなわれた社会的・政治的背景の変遷をイスラームとの関連のなかで紹介し，第3節では，バシール政権下での女性政策とFGC廃絶運動に言及する．最後に，スーダンにおけるFGC廃絶運動の可能性と限界についての若干の分析を加え，結びとしたい．

1　イスラームとFGC

(1) イスラームと人びとの生活

イスラームという宗教は，ムスリムの生活のすべてを規制する側面がある．政治，経済，法律のすべてがイスラームの教えに従わなければならないという考えがまだ根強い．中世ヨーロッパでは，キリスト教会の支配に嫌気がさした人びとによって政教分離という理念が編み出されたが，こうした考え方は，イスラーム世界の多くの地域で，とりわけ大衆の間ではまだ受容されていないことをまず理解する必要がある．

たとえば経済とイスラームの関係をみると，イスラームは利子を取ることを禁じているため，厳格なムスリムは，イスラームのルールを遵守した銀行制度を利用するなど，イスラーム諸国では，近代的金融制度とイスラーム金融制度というふたつの制度が共存するケースが多い．また，イスラームでは，結婚，離婚，相続の手続きが詳細に定められており，法律として明文化されている．

もちろん，イスラームを国の制度として採用する度合いは，国によってさまざまである．イスラーム法を完全に導入している国は，イランとサウジアラビアの2か国のみであり，それ以外のイスラーム諸国は，ハイブリッド制度（マレーシア，UAE，パキスタンなど），もしくは完全に政教分離（トルコ，中央アジア諸国，チュニジアなど）を導入している．そのため，「イスラーム世界ではこうである」というように，イスラーム世界が内包している多様性を無視して全体を語ることには違和感を覚えざるを得ない．このような語りは現実を単純化しすぎているため注意が必要である．

(2) イスラームの教義の源泉

それでは，イスラームにもとづいた生活様式を規定するイスラーム法（シャリーア）の法源について簡単に紹介しよう．イスラーム法の源泉には，強い順に，①第1法源であるクルアーン（イスラームの聖典で，神の使いである天使ガブリエルが預言者ムハンマドに伝えたもの），②第2法源である預言者ムハンマドの言行録（ハディース），③第3法源であるイジュマー（イスラーム法学者が合意した見解），④第4法源であるキヤース（基本原則や先行事例に照らして判断すること）がある．

イスラームでは以上の法源を参考にして拘束度合いがつよい順に，① ムスリムの義務である「ワージブ」，② 義務ではないが，従うことがつよく推奨されている「スンナ」，③ 実践したほうがよいが，しなくても罪にならない「ムスタハッブ」，④ どちらでもよい「マンドゥーブ」，⑤ しない方がよいがしてしまっても罰せられない「マクルーフ」が定められている．

▶ 4つのイスラーム法学派

イスラームでは上述のような細分化された基準があるが，すべての事柄に対して統一見解が存在するわけではない．時代の変化とともにイスラーム初期には考えられなかった問題が多く発生するため，イスラーム法学者が，それらの事項に対して，その都度，見解を示さなければならない．そのような見解のことを「ファトワ」と呼ぶ．生活の中で，はっきり定められていない複雑な事項があれば，法学者（ウラマー．単数形はアーリム．以降，「ウラマー」と記す）にその見解を尋ね，ウラマーができるだけイスラームの基本原則と整合性を取りながらファトワを提示する．ファトワを示すためには，それを尋ねた人が生活している社会の慣習をふまえることが重要視されている．

そうすることにより，当然ながらウラマー間の見解にばらつきが出るようになる．時代の経過とともにスンニ世界では，マーリキー派，シャーフィイー派，ハナフィー派，ハンバリー派といった4つの法学派ができてきたのも，時代の社会要請やイスラームの急速な領土拡大による文化多様性の増加を反映している．

しかし，イスラーム初期にはウラマーが時の統治者と距離をおき，自主的に庶民の相談に対して真摯に向き合っていたが，やがてイスラーム諸帝国の強力かつ中央集権化された国家機構が，ウラマーに対して圧力をかけるようになっていった．すると，統治者側についたウラマーたちは，しばしば統治者に都合のよいファトワを提示するようになった．さらに，イスラーム諸国において，近代的国民国家が誕生した19世紀以降，国家官僚機構の中に宗教機構が取り込まれていった．ファトワを司るウラマーの一部が国家公務員となり，ファトワを提示するようになっていけばいくほど，統治者に迎合したファトワが多くなり，国家がウラマーの権威を利用して国民の支配を強めるようになった．その結果として，国家に近いウラマーの権威が失墜し，逆に，国家にあらがうウラマーが庶民の味方として国民の支持を得やすくなっていったという側面も指摘できる．

19 世紀後半にスーダンで起きた「マフディー運動」のリーダーが，当時のウラマーのオスマントルコ政府への迎合を批判したことにより，多くの支持者の獲得に成功したことは，大衆がウラマーに求めるふるまいを反映したよい事例といえる．

以上のように，時代の変化や国家形態の変遷とともに，ウラマーの権威が大きく利用され，結果としてウラマーが提示するファトワに正当性があるかないかということが，庶民によって厳しく精査されるようになっていった．

(3) イスラームにおける FGC の位置づけ

それでは，FGC はイスラームにおいてどのように位置づけられているかについて検討してみよう．イスラームの 4 つの学派は，FGC について多様な見解を示している．大きくまとめると，男子割礼は義務であるが，女子割礼[2)]はスンナまたはムスタハッブである．しかも，スンナであっても軽微なタイプが推奨されている．女子割礼を義務とするのは，シャーフィイー派のみであるが，どの学派も女子割礼を無条件に禁止してはいない．このことが，女子割礼はイスラームと親和性が高いと一般的に受け止められているひとつの理由であると考えられる．

4 つの法学派の見解が社会の慣習などを考慮していることに鑑みれば，イスラーム以前の慣習としての女子割礼に対して，ウラマーはどのような見解を示したかに注目することが，問題の本質をより深く理解するために重要だと考える．なぜなら，ウラマーが提示するファトワが当該社会の慣習に完全に理解を示さなければ，そのウラマーの人気が衰え，宗教的権威が失墜する可能性がおおいに考えられるからである．例としては，シャーフィイー派の創始者シャーフィイーは，バグダッド滞在時には女子割礼を義務としなかったが，エジプトに移動してからは女子割礼を義務とするファトワを提示した．これは，当時のイラクでは女子割礼が慣習として広く実践されていなかったので，敢えてそれに言及しなかったのに対し，エジプトでは，女子割礼が広く実践されていたために，それを容認するファトワを提示したと分析することができる．すなわち，ウラマーが時代の社会的要請のプレッシャーから解放された状態でファトワを出しているわけではないことを理解する必要があろう．

(4) 宗教と伝統のグレーゾーン

これまでにイスラームの教義の源泉や体系について簡単に紹介してきたが，まだ明確になっていない問題が存在する．それは，どこまでが宗教的な教義であり，どこからが慣習であるかという問いである．これに対しては簡単な答えがなく，FGC 擁護派と廃絶派の間でもひとつの大きな争点となっている．イスラームという宗教は，徹底した社会変革という側面でよく知られているが，実は，そうでない部分もある．預言者ムハンマドは，「私はすでに存在する良い道徳を完全なものにするため，神から送られてきた使徒だ」とのべている．すなわち，イスラーム以前にも多くの良い道徳が存在しており，それを全否定するつもりがないというように，この発言を解釈することが可能である．

さらに，イスラームがアラビア半島からアジアやアフリカ，および東欧に拡大する過程は多様であったため，イスラームを受容した社会の宗教認識もさまざまである．たとえば，エジプトは第 2 代正統カリフ「オマル」の時代に，短期間に軍事的に征服されてイスラーム化したが，スーダンでは異なるプロセスでイスラームが徐々に広がっていった．スーダンへのイスラームの浸透に一役買ったのは，アラブの商人とイスラーム神秘主義者（スーフィー）であった．前者は，商売繁盛に重きを置いていたため，革命的に正統なイスラームを広めようとはしなかったし，後者においては，そもそも「諸宗教の一致」や「神が万物に宿る」といった寛容な思想があり，既存の宗教や慣習とイスラームの教義とが柔軟に融合していった．

スーダンにおいては，20 世紀後半に「イスラーム復古主義」や「政治的イスラーム（Political Islam）」が力をつけるまでに，このようなハイブリッドな側面が根強く残っていたのである．当然ながら，発展してハイブリッドな側面をもつイスラーム社会においては，地元のウラマーもその影響を強く受けてきた．そこで提示される数々のファトワも，そのウラマーがもつ「イスラーム観」に左右されるため，正統なイスラームの教義とかけ離れたものになることがしばしば見受けられる.「FGC は宗教か，あるいは慣習か？」という問いの答えを求める際には，このような背景を念頭に置く必要がある.

(5) 越境的ファトワの影響

FGC の位置づけの曖昧にするいくつかの要因に言及してきたが，最近新たな問題が浮上している. マスメディアが発達するまでは，ファトワを示すことが，その国，その地域，その村のウラマーの特権であった. 文字の読み書きができる人が限られている上に，宗教に関する知識の多くはその地元のウラマーを通して獲得されてきた. 一方，地元のウラマーが提示したファトワは，現地のコミュニティーのみを対象とした場合が多く，ほかの地域で参照される機会は少なかった. しかし，20 世紀なかばからラジオやテレビ，さらに衛星放送が次々にイスラーム世界にも広がるようになっていった. その結果，イスラーム各地の人びとが地元の文化的・社会的側面に縛られないファトワを耳にすることになった. 地元の文脈と切り離されたファトワは多くのムスリム社会に動揺や混乱をもたらしたといっても過言ではない[3].

スーダンの文脈でいえば，もうひとつの大きな社会的変化が FGC に対する考え方に影響を与えた. 1970 年代の湾岸諸国の石油ブーム以降，多くの若者がサウジアラビアなどに出稼ぎに行くようになり，現在，湾岸諸国には数百万人のスーダン人労働者とその扶養家族が在住している. サウジアラビアのイスラーム復古主義の影響をうけた出稼ぎ労働者が富を手に入れ，スーダンに帰国したのち，その思想的影響が，出稼ぎ労働者の出身地域に浸透するようになった. さらに，イスラーム復古主義の布教を狙った宗教団体や NGO がスーダン全土で活動するようになり，その影響力を徐々に伸ばし，従来のスーフィー的イスラームを受容している人びととの軋轢を起こしていることに注意する必要がある. 後述するように，思想の越境的交流が FGC の位置づけにも影響を与えているのである.

2　スーダンにおけるFGCの歴史

(1) 歴史的背景

スーダンにおいて，FGCはイスラームが登場する以前から広く実践されていたといわれている．特に陰部封鎖タイプが20世紀後半まで主流であり，これが「フィルオーニ（エジプトの古代王のタイプ）」と呼ばれていることはすでに述べた．皮肉なことに，エジプトでは陰部封鎖タイプが「スーダーニ（スーダン由来タイプ）」と呼ばれている．前述したようにスーダンでは，イスラームを広めた商人やスーフィーが，もともとの慣習や儀礼を積極的に変えようとしなかったこともあり，FGCの是非を問うような動きは見られなかった[4)]．

FGCを禁止する動きは，イギリスの植民地統治下で1945年に発布された禁止令に始まる．その禁止令にもとづく最初の逮捕者は，のちに大女優になるファイザ・アマセブ（Faiza Amasaib）の母親とTBA（伝統的産婆）である．スーダン中部，青ナイルの東岸の小さな町ルファーアでこの事件が発生したが，女性が逮捕されるという事態に対して地元民が抗議した．この抗議運動をリードしたのは，同じ町の出身者で，のちにリベラルなイスラーム思想家として頭角を現し「共和同胞党」を創設するマフムード・ムハンマド・タハ（Mahmoud Mohamed Taha）であった．この運動は，イギリスの植民地主義や，帝国主義に対する抵抗の象徴としての側面が強く，暴力沙汰ののち，タハも責任を問われて逮捕された．この事件は，その後「割礼革命」と称された．禁止令は順守されず，1956年の独立以降にも積極的に法の執行はなされなかった．

(2) 世俗的フェミニズムの登場

独立以後は，教育を受けた少数の女性たちの間で，女性の地位向上や政治や社会への参加が関心事となった．1965年には女性の参政権が認められ，選挙によって女性政治家が誕生した．それが，スーダンの世俗的フェミニズムの夜明けと言っても過言ではない．しかしこの運動は，イスラーム法の女性への弊害を取り除くことを優先しなかった．むしろ，女性の教育機会の拡大や均等な雇用機会の実現に主眼がおかれ，1960年代から1980年代にかけて，女子の就学率が急拡大するなどの成果を上げたといわれている．

FGCに対する批判的立場が登場するのは，1970年代後半になる．ハルツームでFGCに関する国際会議が開催されたのを皮切りに，スーダン最初の女子大であり「フェミニストの砦」ともいえるアハファド女子大学で「バビキル・バドリー・サイエンティフィック・ソサイエティ（Babiker Badri Scientific Society）」が創設された．以降，この団体がスーダンにおける反FGC運動をリードする存在になる．

(3) イスラーム的フェミニズム運動とFGC

1980年代からは，ふたつのイスラーム潮流が誕生した．ひとつはイスラーム初期の教えへの回帰を厳格に実践することを推奨する「イスラーム復古主義」（サラフ主義ともいわれる）である．この潮流の特徴としては，欧米の人権規範を受け入れず，イスラームの教えにこそすべての人権が存在すると主張している点である．サウジアラビアはそのイスラーム復古主義の砦であり，イスラーム復古主義は王室の後ろ盾を受け，サウジアラビア国内のみならず，海外における布教活動も強めていった[5]．

もうひとつの潮流は，「イスラーム改革運動」である．これはイスラームの改革を通じて，近代化や時代の変化に適したイスラームを目指すものである．近代化とイスラームの間に整合性があると見なし，欧米の人権規範を否定しないのがこの潮流の特徴である．改革イスラーム派の代表的組織は1928年にエジプトで誕生したムスリム同胞団であるが，1960年代から同胞団はほかのムスリム地域に波及し，改革的イスラーム潮流を先導するようになった．政治から距離を置くイスラーム復古主義と異なり，ムスリム同胞団は政治を手段としてイスラーム的改革の実現を目指した．たとえばヨルダンやスーダン，アルジェリアなどの議会選挙でムスリム同胞団系の政党が大きく議席数を伸ばしたり，パレスチナでは，ハマスがPLOに代わって対イスラエル闘争のリーダーシップをとるなど，イスラームへの回帰が急激に進展したのである．イスラーム復古主義と近代的イスラームを打ち出すムスリム同胞団系の思想は，いくつかの点で異なるものの，進出先の国・地域では，対世俗主義勢力で戦略的同盟関係を組むことが多く，スーダンにおいてもその傾向がみられた．

以上に述べた動きは，イスラーム的フェミニズム運動とはどのような関係にあるのだろうか．スーダンの文脈では，ムスリム同胞団が1950年代からさまざまな動員戦略を採用してきたが，学校教員の支持者が際立って多かった．教員たちは教え子への影響力を活かし，特に中高生のリクルートに力を入れた．スーダンのムスリム同胞団の仮想敵はスーダン共産党であり，両勢力が知識人のリクルートでしのぎを削ってきた経緯があるため，知識人における両陣営間の対立が深まる一方であった．

FGCに議論を戻そう．1970年代後半からアハファド女子大学を中心としてFGC廃絶運動が始まったと前述したが，ここに関与した活動家の大半はどちらかといえば，世俗主義的で社会主義的思想に近い者であった．他方，イスラーム的フェミニズムも存在する．それは，イスラームという宗教は女性を蔑視しているのではなく女性の権利を認めているという考えに立ったものである．その諸権利を要求する運動がイスラーム的フェミニズムである［Ahmed 1992］．1980年代から浸透し始めたふたつのイスラーム的潮流も，スーダンで広く実践されていたFGCのフィルオーニ・タイプに対しては，異なる宗教的見地から反対であった．ムスリム同胞団系勢力は「イスラームと近代化の整合性」を重んじ，科学的観点から女性にとって有害な慣習に反対していた．これに対して，FGCが実践されていないサウジアラビアの文化に強い影響をうけたイスラーム復古主義者にとっては，女性の健康を害するフィルオーニ・タイプに反対することにそれほど強い抵抗がなかった．

3　バシール政権下でのFGC

(1) 政権発足後の女性に対する政策

1989年6月30日に，スーダンではムスリム同胞団系の政党である「国民イスラーム戦線（NIF）」が国軍内に構築していた秘密組織を活かしてクーデタを決行した．その直後には，バックにある組織の存在を明かさなかったものの，時の経過とともに新政権の思想的背景が明らかになってきた．新政権は「イスラームへの回帰」を強調し「イスラーム国家」の実現を約束した．その実現に向けた一里塚のひとつに，1991年に施行されたイスラーム的性格を全面的に打ち出した刑法がある．同法では，女性のふるまいと装いに関してあいまいで拡大解釈の余地を残す厳しい規定が設けられ，新たに発足した公共秩序警察（Public Order Police）の警察官の裁量で違反に当たる女性の服装を決めることが定められていた．これによって多くの女性の自由が制限され，不当に逮捕される事例が多発した．国際人権団体は同法を厳しく批判し，スーダンが国際社会で孤立した一因となった．

(2) 女性差別とエンパワーメントという2面的性格

以上のように，バシール政権は女性にとって厳しい条件を突き付けた一方，女性の間で強い支持基盤の構築に成功したというパラドックスが見られた．このパラドックスについて以下に説明しよう．

▶体制支持VS社会参加機会の保証

バシール政権は，政治的マイノリティーともいえるNIFによるクーデタによって成立したため，強固な支持基盤を誇る伝統的政治勢力の強い抵抗に直面したことは想像に難くない．それに加えて，世俗主義を代表する共産党とは「世俗主義VSイスラーム主義」という思想的対立をみた．バシール政権にとっては，厳しい向かい風にあらがうために，強固な支持基盤を作ることが体制存続において重要課題であった．そこで，女性と若者に注目し，動員戦略を着々と推進したのである．

女性に対する戦略は2本柱で進められた．まず，NIF支持者のうち，知識人女性を前面に出して政権の重要ポストに任命し，それを通してイスラーム的体制が女性に寛容だというメッセージを内外に発した．知識人女性たちは，ムスリム女性のあるべき姿について語り，「悪しき慣習」を廃絶するための精鋭部隊的な役割を任された．2本目の柱として，バシール政権は全国の市町村でクルアーンを学ぶ「クルアーン・ソサエティー（QS）」を作り「イスラームへの回帰」が盛り上がったこの時期に，女性と接点を持つプラットフォームを構築した．しかし，当初は，純粋にクルアーンを学びにQSにやってきた女性たちに対して，バシール政権はさまざまな活動に関与させるようになっていった．町内の環境保全活動や，貧困女性の救済，文字の読み書き教室，女性の収入向上がその代表的活動であった．そこでは，従来は専業主婦として社会の中で重要な役割を与えられてこなかった女性が，QS 活動の実施責任者や会計責任者といった大義名分を与えられたことによって，家庭から外に出て夫から自立した社会的役割を獲得できるようになった．さらに，活動に真剣に取り組んでいる女性に雇用機会を作り，後々，その女性リーダーたちは新たに発足した「国民会議党（NCP)」という政権党に女性を動員するための中核となっていった．このように政権支持と引き換えに，バシール政権は戦略的に女性の社会参加を促進した．刑法において女性の人権を著しく制限しておきながら，他方では戦略的に女性の社会参加を促進したため，バシール政権の女性政策に対する評価は容易ではない．

(3) FGC 廃絶運動の挫折

1990 年代を通じて，フィルオーニ・タイプの FGC 廃絶キャンペーンがイスラーム的フェミニズムと世俗的フェミニズムというふたつの観点から推進されたのであるが，2000 年以降に，グローバルなゼロトレランス・キャンペーンが本格化すると状況が一変した．それまでに世俗的フェミニストらが控えめに，あらゆるタイプの FGC の廃絶を主張していたものの，フィルオーニ・タイプに限定して廃絶を主張するイスラーム的フェミニストの主張のほうが，保守的社会においてより受けいれられやすかった．しかし，妥協なきゼロトレランス・キャンペーンが始まって以来，世俗的フェミニストらが外部的正当性を獲得したことに加え，国際機関や NGO から流れてくる莫大な資金の受け皿となっていった．そのため，廃絶をフィルオーニ・タイプに限定したイスラーム的フェミニストは厳しい立場におかれ，柔軟に対応する必要に迫られたのである．それと相まって，2001 年にニューヨークで発生した 9.11 テロ事件後に，過激主義勢力との決別をアピールすべく，バシール政権が人権規範を尊重する姿勢を見せるようになっていった．南スーダンの紛争の終結に合意するなど，国際協調をアピールすることによって，バシール政権は必死に体制の存続を目指したのである．

その流れで，あらゆる FGC を禁止する法律をつくろうとした政府は，ファトワを提示する機関である「アル＝マジュマ・アル＝フィクヒー」に圧力をかけるようになった．政府の意向で任命された委員たちもその方向で動き始めたが，もうひとつのイスラーム的潮流であるイスラーム復古主義系ウラマーから横やりが入った．かれらは，FGCをしなくてはならないという共通の見解はないものの，これを無条件に禁じるイスラーム法的根拠もないため，禁止法に断固反対するという立場を示したのである．加えて，イスラーム復古主義のウラマーであり，著名な女性産婦人科医であるシッタルバナート・バビキル（Sittalbanat Babiker）は，「医学的にも軽度なタイプのFGCにはなんの健康被害もないどころか，衛生面でむしろ利点が多い」という見解を示した．全面的禁止の理由づけには，健康への悪影響が使われたことを考えれば，専門家であるシッタルバナートの見解が，政府に近いアル＝マジュマ・アル＝フィクヒー所属のウラマーを厳しい立場に追い込んだともいえる．いくら政府の圧力が働いたとはいえ，ウラマーにはある程度の独立した領域が存在し，政府の存続に直結しないファトワであれば，その意見が許容される．加えて，ウラマーが希薄な宗教的根拠にもとづいて不人気のファトワを出してしまうと，その権威が失墜しかねない[6]．そこで，2004年5月14日にアル＝マジュマ・アル＝フィクヒーは以下のような内容のファトワを出してしまった．以下，要約する．

> 最近，女子割礼をめぐる議論が多く，それ自体が好ましくない姿である．なぜならば，女子割礼は家庭のプライベートな事項であり，おおやけの場で話し合われたりするものではないからだ．加えて，近年，男女が出席する講演会やワークショップで女性器の写真を見せることがあるが，大切な恥じらいの気持ちを踏みにじり，イスラームの価値観を軽視する動きは看過できるものではない[7]．女子割礼に対するイスラームの立場について相談を受けたが，その結果は以下の通りとなる．イスラーム4学派が異なる立場をとっており，シャーフィイー派は義務としているが，マーリキー派とハナフィー派はスンナとした．ハンバリー派はマクルマ（スンナより弱い肯定）としている．よって，女子割礼は女性の健康に害を及ぼさない限り，してもしなくても罪とはならない．一方では，女子割礼のあらゆるタイプを禁じるイスラーム法上の根拠は一切存在しない．

ウラマーの怒りは国際NGOなどのワークショップでの無神経なふるまいに向けられたものではあるが，このファトワは世俗的フェミニストが与したグローバルなゼロ・トレランスの挫折につながった．長年，世俗的およびイスラーム的フェミニストが地道に進めてきた段階的廃絶の努力の流れを一瞬にして断ち切ってしまったのである．

(4) サリーマ・キャンペーンの効果

グローバルなゼロ・トレランス・キャンペーンがスーダンで歴史的敗北を喫した2004年に，スーダン政府は「子どもの権利および福祉に関するアフリカ憲章」を留保をつけて批准した．留保の対象は18歳以下の女児の結婚の禁止，および子どものプライバシーと自立を保障した条項であった．そこから，FGC廃絶推進派であるイスラーム的・世俗的フェミニスト，「子どもの福祉に関する国家委員会」(NCCW: National Council for Child Welfare)，UNICEF，アハファド女子大学などが次の一手を打った．そこでできたのが子どもの権利に関する国家戦略であり，その一環として「サリーマ (Saleema)・キャンペーン」が計画されたのである．このキャンペーンの基本理念は，FGCをしていない女性につきまとう負のイメージを取り払うことであった．そのため，FGCをしていない子どもに対して，サリーマ (無傷，神が創造したままの完全な姿) といった意味合いの言葉が使われるようになった [Saleema Initiative HP 2020]．このキャンペーンには，FGC廃絶に共感するウラマーや知識人，芸能人など多くの著名人が参画した．あらゆるメディアで問題がクローズアップされ，テレビでは，「女子トーク」という番組で，賛成派対反対派の議論が赤裸々に語られ，タブー視されてきたこの問題への挑戦が本格化したように見えた．しかし，その流れに水を差すように，イスラーム復古主義の著名なウラマーが強烈にサリーマ・キャンペーンや，18歳以下の結婚禁止を推進する活動家を批判したのである．視聴率を狙う民間テレビ局はそのウラマーが出演する番組を多く制作し，結果としてサリーマ・キャンペーンへの対抗論を広めることとなった．

おわりに

スーダンでは，1970年代以降，世俗的フェミニストやイスラーム的フェミニストがフィルオーニ・タイプのFGC廃絶を目指してきた．その結果として，フィルオーニ・タイプの実施率が低下しただけでなく，それが健康の観点からも宗教的観点からも，好ましくないとの考え方が定着した．さらに進んだ廃絶を目指す過程においては，これまでの時間をかけた段階的変化といった戦略を採用すべきであった．しかし，2000年以降のグローバルな廃絶運動では，これまでにスーダンで培われてきた世俗的フェミニストやイスラーム的フェミニストの戦術が活用されず，トップダウンアプローチが採用されてしまったのである．結局，段階的変化に協力してきた宗教的指導者の多くが，グローバルなゼロトレランス・キャンペーンに共感せず，その流れを断ち切ってしまった．良くも悪くも宗教には根強い慣習などを変革する力がある．しかし，本来ならばウラマーは国家の圧力を受けずに自主的に判断すべきであるのに，政治的目的を貫徹する手段として国家によって利用されてしまうと，民衆の目に映るウラマーの権威はたちまち色あせてしまい，期待された効果を発揮できなくなる．スーダンのFGCの擁護派対廃絶派の攻防は，その事実を明示していた．

過去の経験から学ぶこともなく，2020年5月にスーダンの移行期政権は，トップダウン方式にFGCの全面禁止を閣議決定した．この決定は国際社会から歓迎されるものではあったが，1945年のイギリス植民地時代に合意形成のないトップダウン方式の禁止法が国民の反感をかい，「伝統の擁護」という論理を強化したように，世俗主義の色合いを前面に出している移行期政権による禁止法が同じように「イスラーム的FGC擁護」の論理を強化することを危惧せざるを得ない．

注

1）スーダン国内において“FGM”という言葉は浸透していない．本章ではスーダンでもっとも広く用いられている“FGC: female genital cutting”を使う．

2）ここでは，イスラームの男子割礼の対比として，女子割礼という用語を用いる．用語については序章を参照のこと．

3）こういった「越境的ファトワ」がFGCに対するさまざまなムスリム社会の考えをいかにして変化させたかを解明する必要があるが，これについては別の論考に譲りたい．

4）18世紀にハッサン・ワド・ヒスーナ（Hassan Wad Hisoona）というスーフィー聖者がFGCに反対したことがあると廃絶派によってよく語られるが，彼の没後，その立場が引き継がれることはなかった．

5）1979年にイランではイスラム革命政権が誕生した．この新政権は近隣諸国にシーア派思想にもとづいた革命をひろめる方針をうち出し，サウジアラビアをはじめとする近隣諸国は，それに対抗せざるを得なかった．イスラーム復古主義は，シーア派思想に対抗する目的で戦略的に利用された．

6）エチオピアの事例であるが，Østebø らの研究によれば，国際 NGO とエチオピア政府の政策に使われたウラマーの見解は，庶民に近いウラマーの反対にあい，FGC 反対の主張が拒否された［Østebø et al. 2014］.

7）「子どもの福祉に関する国家委員会」(NCCW: National Council for Child Welfare）のひとりの委員に対して筆者が 2017 年 3 月に実施したインタビューで，その委員は，FGC 廃絶キャンペーンにおいてドナーの意向を反映しなければならないことがジレンマであると述べた.

とてもひどいことが起きている．それを問題として訴えたい．そのときに，その「ひどいこと」に名前をつけることは，それをなくそうとする運動をしてゆくうえでとても重要なことだ．私たちの社会を見ても，それは明らかだ．セクハラ，パワハラ，DV，ネグレクト…….その「ひどいこと」に名前をつけることで，それが可視化される．冗談や指導，夫婦喧嘩などと言われて蓋がされていたことに，光があたる．だれが加害をしていて，だれが被害にあっているのかが，明らかになる．

female genital mutilation という言葉も，そんな言葉のひとつだ．それまで「女子割礼（female circumcision）」と呼ばれていたものを，女性の身体を回復不可能な形で切除する行為として再定義した．そしてその背後には家父長制という社会制度があり，女性を加害していると訴えた．とても強力な運動の言葉だ．

だが運動の言葉には，落とし穴もある．それが大きな政治的うねりとなったときに，その言葉に含まれているものの多様な在り方がそぎ落とされ，それを生きている人たちの意味に満ちた世界が，言葉の定義の方に押し込められてしまうことがあるのだ．そしてそれを「肯定するか否定するか」という二者択一で，「敵か味方か」が決められてしまう．FGM/C をめぐる状況は，まさにそうなっているように思える．

かつてロドニー・ニーダムという人類学者が，人類学の「親族」のような概念は，家族的類似性によって成り立っていると喝破した．つまりそれぞれの部分は似ているけれど，全体としては一貫した共通性のない現象に，「親族」のような名前を付けて，あたかもひとつの独立したカテゴリーのように扱っている．けれどもそれは錯誤だ，と言ったのだ．

FGM/C も，そんなカテゴリーではないだろうか．アフリカだけをとってみても，そうだ．ある社会では，今でも陰部封鎖が女性の貞操を守るためにおこなわれている（第 2 章）．別の社会では，都市の底辺層の若い男性たちが，「アフリカの伝統の復興」という「大義」に仮託して自分の不満を晴らそうとし，すでにおこなわれなくなった FGM/C を，配偶者に強制的に受けさせる．彼女たちは望んでいないのに［松田 2009］．だがさらに別の社会では，女性たちが自分たちのアイデンティティと自己決定のために，男性に抵抗してまでこの慣習を守ろうとする［宮脇 2016］．そして男性支配とは無関係に，単なる流行としてこの慣習を受容する女性たちもいる…… ［Leonard 2000］．このように，バリエーションをあげていけば，きりがない．切除の形態も，年齢も，切除者も，その意味も，社会の仕組みも，被施術者である女性の主体性（エイジェンシー）も，そして家父長制との関係も，多様なのだ．

多様な現象を，特定の見方しかできないメガネを通して見てしまうと，それぞれの現象の精密な理解は不可能だし，その地域に生きる女性たちの幸せを向上させることはむずかしいだろう．WHO の FGM/C の定義とゼロ・トレランスという運動方針は，そのような罠にはまっていないだろうか？

研究者としては，斜に構えて，反 FGM 運動がどのような社会的背景のもとで生まれ，どのような政治的流れに乗り，FGM というカテゴリーを構築してきたのかというのを，分析対象にできるかもしれない．だが実際にアフリカのそれぞれの地域で，その地域に生きる女性たちとかかわりを持ってきた私たちとしては，ひとりの人間として，地域の女性たちの幸せな生活のためには，それぞれの地域でこの慣習に対して，どのように向き合うべきかを，丁寧に考える必要があるのではないだろうか．それが，私たちに求められている倫理であるはずだ．

宮脇幸生

おわりに

本書の出版の直接のきっかけは，2018年5月に開催された第55回日本アフリカ学会学術大会（於：北海道大学）におけるフォーラム（「女性性器切除／女子割礼（FGM/C·FC）とローカル社会の多様性」）である．会場で発表を聞いてくださった晃洋書房の丸井清泰さんより出版のご提案をいただいたことに始まる．フォーラムの発表者（本書の執筆者）は，その前年である2017年に「FGM/C研究会」を立ち上げて共同研究を重ねてきた（その主たる財源は，科研費：基盤研究（C）「〈女子割礼／女性性器切除〉の民族誌的研究：多様な選択肢とアフリカ女性の社会的地位」（2015-2018年度），ならびに基盤研究（S）「『アフリカ潜在力』と現代世界の困難の克服：人類の未来を展望する総合的地域研究」（2016-2020年度）である）．この研究会でメンバーはアフリカでのフィールドワークで見聞してきたことを共有して議論し，その成果をフォーラムにて発表したのである．このフォーラムの後には，科研費：挑戦的研究（萌芽）「『女性性器切除』廃絶の学際的研究――『ゼロ・トレランス』から『順応的ガバナンス』へ――」（2018-2020年度）の助成を受け，さらにフィールドワークと研究会を重ねながら，議論を深化させてきた．

また，研究会外部の方との議論の場にも恵まれてきた．2017年11月には，特別セミナー「アフリカ・サブサハラ地域におけるジェンダー正義と宗教――女性器切除（FGM）をめぐって――」（京都大学人文科学研究所共同研究班「ウメザオ・スタディーズの射程」主催，於：京都大学）を共催させていただいた．2018年には，大阪府立大学女性学研究センターと国際ワークショップ「マレーシアにおける『女性器切除』」（於：大阪府立大学）を主催した．2019年には，国際ワークショップ「Reconsidering FGM/C: Challenges from Medical and Anthropological Perspective」（於：東洋大学）を主催した．そして，2018年，2019年，2020年には，Asia Pacific Conference（立命館アジア太平洋大学主催）のパネル・セッションでアジアとアフリカのFGM/Cについての討議の機会をいただいた．

こうした機会には，海外の研究者の方々とも議論の機会を多くもつことができた．特に，エチオピアのガモ社会の事例を紹介くださったゲタネ・メハリ先生（Addis Ababa University），FGM/C 研究の世界的先駆者であるロガイア・ムスタファ・アブシャラフ先生（Georgetown University），医師として医学的見地からオーストラリアの現状を説明してくださったネスリン・ヴァロル先生（The Medical Schools of the University of Sydney and Macquarie University），そして調査が少ないアジアにおける FGM/C の調査研究の発表をしてくださった医師のアブドゥル・ラシド先生（RCSI and UCD Malaysia Campus）には記してお礼を申し上げたい．また，アブドゥル・ラシド先生を紹介してくださったのは，彼の共同研究者でマレーシア研究がご専門の井口由布先生（立命館アジア太平洋大学）であり，インドネシア研究がご専門の大形里美先生（九州国際大学）も含め，研究会や国際学会で何度も討議の機会を頂いた．アジアとアフリカの FGM/C を比較することができたことで，より広い視野から FGM/C をとらえ直すことができた．本書はこうした研究の成果である．そして本書の出版は，京都女子大学の出版助成によって実現した．

本書のテーマであるアフリカの FGM/C は，1995 年北京で開かれた「第 4 回世界女性会議」以降，日本でも広く議論されるようになった．それ以前も FGM/C については民族誌などでの日本語の記述はあり［上田 1982；大塚 1994；松園（典）1982；松園 1984；松園 1991；吉岡 1989；和田 1988 等］，反 FGM 活動の実践面としては初めて 1996 年に「FGM 廃絶を支援する女たちの会（WAAF）」（詳細は WAAF のウェブサイト（http://www.jca.apc.org/~waaf/）を参照のこと）が立ち上がった．学術面では，2003 年 5 月の第 40 回日本アフリカ学会学術大会における「女性フォーラム」で「FGM ワークショップ」が開催され［人間文化研究機構国立民族学博物館地域研究企画交流センター編 2004］，2004 年度にも同学会のフォーラムで再度テーマとして取り上げられるなど［永原他　2005］，アフリカ研究やジェンダー研究などの分野で活発な議論がおこなわれた．そしてアフリカに関わる国際保健やリプロダクティブ・ヘルス／ライツに関わる実務者，研究者にとっても，FGM/C はよく知られるようになってきた．

しかし，FGM/C が実に多様であることについての具体的な情報は，日本ではあまり伝えられていないのではないだろうか．本書の特徴の 1 つとして，その多様化し複雑化する FGM/C の現状を描く，という学術的な意義を挙げることができるだろう．そして本書のもう 1 つの特徴としては，これまでその是非が問われることがほとんどなかった「男子割礼」や,「美容整形」という名の女性器の切除についてもコラム等で取り上げることによって，FGM/C に対するグローバル・ディスコースに内在する矛盾も提示している点である.

本書は地域としてはアフリカを中心に論じており，アジアにおける FGM/C の現状や，海外へと移住した人々の間でも FGM が継続されているケースまで含めきれていないという限界がある．しかし今後も海外の研究者との共同研究も行いながら，その多様化・複雑化する現状について，さらなる研究を進めていくことが必要だと考えている.

最後に，FGM/C というセクシュアリティや政治とも関わる，極めてセンシティブなテーマの調査研究を実施するにあたり，ときに不躾であったにちがいない私たち調査者に対して，寛容に協力してくれた現地の人々にも，改めて深い感謝の意を表したい．彼らとの強い信頼関係なくしては，10〜20 年という長い年月をかけての調査研究は成り立たなかったことは言うまでもない．そして，本書の出版にあたっては，最初のお声がけから編集作業までご尽力頂いた晃洋書房編集部の丸井清泰さんと，綿密な校正作業をやり遂げて下さった坂野美鈴さんに心から感謝の念をお伝えしたい.

2021 年 2 月 6 日（「女性器切除（FGM）根絶のための国際デー」）

編者一同を代表して　宮 地 歌 織

謝辞

本書の出版・調査研究にあたっては，下記の助成を受けた.

- 京都女子大学出版助成（令和 2 年度）
- 基盤研究（C）「〈女子割礼／女性性器切除〉の民族誌的研究――多様な選択肢とアフリカ女性の社会的地位――」（2015-2018 年度，研究代表者：中村香子）（課題番号：15K01875）
- 文部科学省科学研究費（基盤研究（S）「『アフリカ潜在力』と現代世界の困難の克服：人類の未来を展望する総合的地域研究」（2016-2020 年度，研究代表者：松田素二）（課題番号：16H06318）
- 挑戦的研究（萌芽）「『女性性器切除』廃絶の学際的研究――『ゼロ・トレランス』から『順応的ガバナンス』へ――」（2018-2020 年度，研究代表者：宮脇幸生）（課題番号：18K18541）

追記
本書の執筆を進めた2020年は，世界，そして日本においてもCOVID-19の多大なる影響を受けた年であった．3月の佐賀大学での国際ワークショップのキャンセル，海外調査も不可能となり，国内での研究会開催もままならない状況となった．そのような環境下にありながらも，執筆者たちはオンラインでのやりとりを続け，出版まで到達することができた．2021年2月現在，日本でもまだその影響は拡大しつつあり，かつての「日常」とはかけ離れたライフスタイルとなっている．国内の方々，遠くアフリカの人々，そしてアジアや他の地域の方々の身を案じている．この世界を覆っているどんよりとした雲から，太陽がキラリと輝く晴れ間が見える日が早く到来してくれればと願う．

ブックレビュー

FGM/C に関する論文・文献は，現在とてもたくさん出版されているが，ここではこれから FGM/C について学ぼうとする人たちにとって，押さえておくべき重要な文献を紹介する．

〈英語文献〉

Abusharaf, R. M. ed. [2006] *Female Circumcision: Multicultural Perspectives* (*Pennsylvania Studies in Human Rights*), Philadelphia: University of Pennsylvania Press.

本書は，21 世紀における FGM/C についてさまざまなパースペクティブからとらえようとした論集である．イスラーム文化圏における FGM/C，アフリカ在地の文脈における FGM/C，欧米の移民社会における FGM/C および男子割礼について論じた本書は，FGM/C 研究に幅広い視点が必要であることを示している．また，アフリカのローカルな FGM/C 廃絶についてもいち早く報告している．（林）

Boddy, J. [1989] *Wombs and Alien Spirits: Women, Men, and the Zār Cult in Northern Sudan*, Madison: The University of Wisconsin Press.

本書はスーダンのある集落の精霊憑依に関するエスノグラフィ．この著者のスーダンにおける FGM/C の象徴分析は有名だが，それは精霊憑依を解釈するための文化的背景の一部でもあった．当時隆盛をきわめたギアーツ流解釈人類学の最良の成果でもあるし，またその限界も今となっては感じられる，読み応えのある古典的研究だ．（宮脇）

Boyle, E. H. [2002] *Female Genital Cutting: Cultural Conflict in the Global Community*, Baltimore and London: The Johns Hopkins University Press.

本書は FGM 廃絶運動の国際的な潮流がいかにして形成されてきたのかを，政治学的視点からとらえた研究である．それまでの研究がアフリカ現地社会の研究や FGM/C の倫理性を問う研究であったのに対して，本書の廃絶運動に対する俯瞰的アプローチは斬新だった．文化や人権だけにはとどまらない政治的駆け引きが，そこにはある．FGM/C 研究をする者の必読書である．（宮脇）

El Dareer, A. [1982] *Women, Why Do You Weep? Circumcision and Its Consequenses*, London: Zed Press.

著者はスーダンの女性医学者．自身も FGM/C を受け，それに反対する立場から本書は書かれた．当時の反 FGM 運動の多くが，出所もあやふやな情報によっていたのに対して，4700 人以上にものぼる人びとを対象に行われた本書の FGM/C に関する調査は，驚くべきものだった．そして当時，圧倒的多数の人びとが FGM の存続を望んでいたという調査結果

も，この問題の難しさをうかがわせるものだ．（宮脇）

Griffin, G. and Malin, J. eds. [2019] *Body, Migration, Re/Constructive Surgeries: Making the Gendered Body in a Globalized World*, London; New York: Routledge.

欧米に住むアフリカ移民でFGM/Cを受けた女性たちの間では，今や女性器の再生手術を望む者も多いという．本書はクリトリスの再構築手術の実際やそれをめぐる議論，さらに関連する美容整形や男子割礼についての議論をまとめた論文集．文化や人権をめぐる問題と医学的研究のはざまに位置するFGM/Cの現在が見えてくる．（宮脇）

Hernlund, Y. and Shell-Duncan, B. eds. [2007] *Transcultural Bodies: Female Genital Cutting in Global Context*, London: Rutgers University Press.

Shell-DuncanとHernlund，ふたりの人類学者による共編書，第二弾である．個別社会の文化的文脈理解の重要性を説いた前書に，「越境する身体」という新たな次元が加わる．本書で主として描かれるのは，たとえば欧米におけるソマリア難民のような文化から文化へとグローバルに越境する個としての身体である．ある個人にとっての施術の意味が，時空を越えることによりさまざまに変化する様態をとおして，もはやこの問題が，特定の社会の文化，あるいは特定の国家における体制といった単位では解釈できないことが明らかにされる．（中村）

Hodžić, S. [2017] *The Twilight of Cutting: African Activism and Life after NGOs*, Oakland: University of California Press.

今やNGOの活動を抜きにして，アフリカのFGM/Cは語れない．本書はガーナのFGM廃絶を目指すNGOの活動を追ったエスノグラフィである．FGM廃絶をめぐるガーナでの地域格差，国際的な流れとは異なる国内NGOの廃絶戦略，反FGM法の施行と実際の運用との乖離の理由など，フィールドワークを通してしかわからない新たな発見が詰まっている．現在のFGM/C研究の水準を知るためにもぜひ読んでおきたい．（宮脇）

Kandala, N.-B. and Komba, P. N. eds. [2018] *Female Genital Mutilation around the World: Analysis of Medical Aspects, Law and Practice*, Cham: Springer International Publishing.

FGM/Cに関する大規模な調査結果である．人口と健康の統計資料などを広く用いながら，実施の地理的な広がりや実施率の変化，施術タイプ別のリスク，母親世代の実施率とその娘の実施率，宗教，都市部居住か農村部居住か，施術者は医療従事者か伝統医か，教育レベル，貧困レベルなど，国ごとに多少異なってはいるが，さまざまな分析軸で数値データが示されている．加えて，先進国を含めた国々においてFGM/Cに対してどのような法律が定められているかについても整理されている．（中村）

Shell-Duncan, B. and Hernlund, Y. eds. [2000] *Female "Circumcision" in Africa: Culture, Controversy, and Change*, London: Lynne Rienner Publisher.

Shell-Duncan と Hernlund，ふたりの人類学者による共編書である．「女子割礼」と欧米によるその廃絶運動を人類学，公衆衛生，政治学，人口学，歴史学，疫学など，学際的に検討する．アフリカの9つの国の事例をから，廃絶運動への当事者たちの過激な反応（スーダン，ケニア）や，多くの社会で禁止法が制定されたことにより施術が秘密裏におこなわれるようになった一方で，禁止法がうまく機能して廃絶宣言に結びついた事例（セネガル），施術の医療化の是非をめぐる議論（ナイジェリア，ケニア）などが紹介される．具体的な事例の多角的な検討をとおして，この問題が一筋縄ではいかないこと，個別社会の文化的文脈理解の重要性を読者に訴えかける．（中村）

Thomas, L. M. [2003] *Politics of the Womb: Women, Reproduction, and the State in Kenya*, Berkeley: University of California Press.

本書は，植民地期ケニアの反 FGM/C キャンペーンをめぐるコンフリクトをテーマに，介入側と地元住民側双方の論理について分析した歴史研究である．同書は，植民地側とローカル側の双方に階層があり，どちらも一枚岩でないことを描き出すとともに，FGM/C が女性の世代間における抑圧を再生産している面も明らかにしている．（林）

他に下記の文献もある．

Boddy, J. [2007] *Civilizing Women: British Crusades in Colonial Sudan*, Princeton; Oxford: Princeton University Press.

James, S. M. and Robertson, C. C. eds. [2002] *Genital Cutting and Transnational Sisterhood: Disputing U.S. Polemics*, Urbana; Chicago: University of Illinois Press.

Lightfoot-Klein, H. [1989] *Prisoners of Ritual: An Odyssey into Female Genital Circumcision in Africa*, London and New York: Harrington Park Press.

Nnaemeka, O. ed. [2005] *Female Circumcision and the Politics of Knowledge: African Women in Imperialist Discourses*, Westport: Praeger Publishers.

〈日本語文献〉

アリス・ウォーカー [1995]『喜びの秘密』（柳沢由美子訳），集英社．

1992年に発表されたアリス・ウォーカーの小説．女性器切除を受け，後遺症に苦しみつつ，不安のみなもとを探るアフリカ系アメリカ人女性が主人公．夢の象徴の解読，姉の死の秘密，割礼師殺しと裁判．悪夢のようなエピソードの末に，自分たちを抑圧する伝統に抵抗する女性たちの姿が，希望の光をもたらす．（宮脇）

内海夏子［2003］『ドキュメント 女子割礼』集英社.

FGMの歴史から現在も続いている理由，廃絶運動の現状までを，アフリカ6か国の取材によって明らかにした労作．ただしFGMをおこなう社会については深く掘り下げられているとはいえず，他の人類学的研究とあわせて読むことが望ましいだろう．（宮脇）

岡真理［2000］『彼女の「正しい」名前とは何か――第三世界フェミニズムの思想――』青土社.

フェミニズムは普遍的な思想のように語られるけれど，実は先進国の中産階級女性の立場からのみ語られてきたのではないか？他国の女性差別的慣習を批判するとき，そこには先進国フェミニストの第三世界女性に対する思想的支配さえあるのではないか？本書は第三世界フェミニズムの立場から，アリス・ウォーカーをはじめとする第2派フェミニズムの立場に立つ反FGM運動を鋭く批判している．FGM/Cをめぐるポスト・コロニアル批判を知るうえで，本書は欠かせない文献だ．（宮脇）

白石壮一郎［2011］『文化の権利，幸福への権利――人類学から考える――』関西学院大学出版会.

FGM/Cに関する先行研究を丁寧に整理したうえで，この問題を考察する際には，文化相対主義と普遍的「人権」概念という二項対立ではなく，言説の政治性をよみとく必要性を論じる．FGM/Cを題材に，グローバルな「人権」言説への人類学的な介入の現代的な意義を探りながら，人類学者がFGM/Cのようなアクチュアルな問題に対して果たしうる役割について論じている．（中村）

富永智津子，若杉なおみ，宮脇幸生，永原陽子［2004］「特集2・アフリカ女子割礼」『地域研究』6(1).

2003年の第40回アフリカ学会学術大会における「FGMワークショップ」での報告をもとにしたFGMに関する論考集．富永論文は，当時のFGMに関する研究動向を整理している．若杉論文は，FGMを女性の健康とセクシュアリティの観点から論じている．宮脇論文は，エチオピアの農牧民ホールにおけるFGMの象徴的意味と家父長制の関係について論じている．永原論文はFGMをおこなわないナミビアの成女儀礼との比較で，FGMの歴史的分析の方法の可能性について論じている．（宮脇）

長島美紀［2010］『FGM（女性性器損傷）とジェンダーに基づく迫害概念をめぐる諸課題――フェミニズム国際法の視点からの一考察――』早稲田大学出版会.

FGMを理由とした難民認定申請に焦点をあてた研究．カナダおよびアメリカの事例をとりあげ，FGM廃絶をめぐる言説がいかに政治化されたのかを明らかにしており，とくにカシンジャ裁判に関して詳細な分析がなされている．日本語で書かれたFGM関係の文献としては，国際法の観点から書かれた数少ない文献であり，FGMに関心を持つ者には必読の文

献である．（宮脇）

ナワル・エル・サーダーウィ［1994］『イヴの隠れた顔――アラブ世界の女たち――』（村上真弓訳），未来社．

サーダーウィは，エジプトの医師，作家として，アラブ社会で初めてFGMを告発した女性である．女性の抑圧は，洋の東西を問わず，家父長制にその根源があり，帝国主義・資本主義・階級搾取からの解放が女性の解放をもたらすとして，以下のように主張する．「欧米の女たちは，クリトリスの外科的な除去こそ受けていないかもしれない．しかし彼女たちは，文化的・心理的なクリトリデクトノミー（原文ママ．正しくはクリトリデクトミー）の犠牲者である」．「心理的な外科手術は，もっと悪質で有害かもしれない」．「自分がまだ抑圧下に生きる奴隷であることを自覚することは，解放に向かっての第一歩である」．（戸田）

ヴァージニア・リー・バーンズ，ジャニス・ボディ［1995］『裸のアマン――ソマリ人少女の物語――』（高野裕美子訳），早川書房

アメリカに住んでいるソマリ人のアマンの人生を，人類学者リー・バーンズが口述記にしたもの．ソマリで起こったさまざまな出来事のうち，割礼もひとつとして取り上げられており，淡々と当時の様子が描かれている．彼女の語りを通じ，女性の強さ，たくましさが見えてくる．（宮地）

ファウジーヤ・カシンジャ，レイリ・ミラー・バッシャー［1999］『ファウジーヤの叫び〈上・下〉』（大野晶子訳），ソニー・マガジンズ．

19歳のときに父と死別したトーゴ人女性ファウジーヤ・カシンジャは，後見人となった叔母によって，自分と20歳以上も年の離れた男性と無理やり結婚させられようとした．そして結婚するにはFGMを受けなければならなかった．アメリカに逃れたカシンジャは，1年以上にもわたって米国の移民局に拘留されるが，人権活動家たちの助けにより難民申請が受理され解放される．この本はカシンジャによる解放までの記録である．カシンジャ裁判が米国の反FGM法成立とアフリカ諸国に対する圧力のきっかけとなったことを指摘するブックレビュー前掲のボイルおよび長島の論考［Boyle 2002，長島 2010］や，母国トーゴでは全く異なったストーリーが語られていることを報告するピオットの論考（Hernlund and Shell-Duncan［2007］所収）もあわせて読もう．これが単なる人権救済の物語ではないこと，FGMがときとして国際的な政治性をもつことが，鮮明に見えてくるはずだ．（宮脇）

フラン・P・ホスケン［1993］『女子割礼――因習に呪縛される女性の性と人権――』（世界人権問題叢書：10）（鳥居千代香訳），明石書店．

著者は1970年代に人権主義の立場から反FGM/C運動をおこなった活動家である．本書は現地での聞き取り調査にもとづきアフリカ各地におけるFGM/Cの実態をまとめた初の研究とされており，この分野の基礎文献となっている．現在では事実関係の誤りや植民地主義

的な視点の問題が指摘されているものの，当時の欧米フェミニストを中心とする反FGM/C思想の形成過程や国際社会における反FGM/C運動の黎明期について知る資料としても読むことができる．（林）

ヤンソン柳沢由美子［1998］『リプロダクティブ・ヘルス／ライツ――からだと性，わたしを生きる――』国土社．

著者はアリス・ウォーカーの数々の本を翻訳するとどうじに，『FGM廃絶を支援する女たちの会』を設立し，日本における反FGM/C運動をけん引してきてきた．本書では女性の性の自己決定の重要性をとても説得的に説き，なぜFGMの廃絶が重要であるのかを，ウォーカーの『戦士の刻印』に言及しつつ説明している．反FGM運動の思想的な意味を知るうえで，まずは押さえておくべき文献である．（宮脇）

ワリス・ディリー［1999］『砂漠の女ディリー』（武者圭子訳），草思社．

ソマリア出身のスーパーモデルの自伝．映画「デザートフラワー」の原作である．ワリスは13歳のときに父の決めた相手との強制婚から逃れるためにひとり家を飛び出して親戚のいる首都に向かった．その後，ロンドンに渡りメイドとして働いているときに，ひとりの写真家に見いだされてモデルとなる．幼い頃にFGM/C（タイプⅢ・陰部封鎖）の施術を受けたときのこと，その後の排尿の困難さや月経時の痛みなどが，自身の実体験の描写という形で克明に描かれる．砂漠で遊牧をしていたひとりの少女が，ソマリアの首都からロンドン，ニューヨークへと居場所を変え，スーパーモデルへと社会的な地位を変えながら，自身の身体の問題との向き合い方を変化させていく物語である．（中村）

〈映像資料〉

アリス・ウォーカー，プラティバ・パーマー［1993］（日本公開1996）『戦士の刻印――女性性器切除の真実――（原題：Warrior Marks: Female Genital Mutilation and the Sexual Blinding of Women）』

アリス・ウォーカーによるFGM/C廃絶を主張するドキュメンタリー映画．アフリカのFGMをめぐる問題を，ウォーカーはアメリカの家父長制とも対比しつつ，抉り出していく．FGMは文化ではなく拷問だというウォーカーの主張は，明快で説得力があり，FGM廃絶運動の大きな推進力となった．だが他方で，アフリカ社会すべてが家父長制による抑圧的な社会のように描かれていること，アフリカの貧困の原因がFGMにあるかのように描かれていることなどに，批判もなされた．（宮脇）

センベーヌ・ウスマン［2004］（日本公開2006）『母たちの村（原題：Moolaadé）』

「アフリカ映画の父」であるセンベーヌ監督がFGM廃絶を訴えた名作．映画の舞台は西アフリカのイスラーム教徒の暮らす村．美しい景色が広がる．第二夫人のコレ・アルドの元に，FGMの儀式から逃げてきた少女たちが「保護」（映画の原題の「モーラーデ」）を求めてきた．FGM が死産の原因になると知ったコレは，娘アムサトゥに FGM を受けさせていなかった．コレは家父長制社会の掟と長老会議に立ち向かう．第 2 章も参照のこと．（戸田）

シェリー・ホーマン［2009］（日本公開 2010）『デザートフラワー（原題：Desert Flower）』
　ソマリア出身のスーパーモデル，ワリス・ディリーの自伝「砂漠の女ディリー」の映画化．原作に忠実に FGM./C に向き合う女性の姿を描き出している．エチオピア出身のスーパーモデル，リヤ・ケベデが主役を演じている．（中村）

参考文献

〈邦文献〉

青山温子・原ひろ子・喜多悦子［2001］『開発と健康――ジェンダーの視点から――』有斐閣.
井口由布・アブドゥル，ラシド［2019］「『女性器切除』と言説の政治――近代医学的まなざしの自明性を問い直す――」『年報カルチュラル・スタディーズ』7.
――――［2020］「セクシュアリティと女性の身体からみるマレーシアにおける『女性器切除』」『東南アジア研究』57(2).
上田冨士子［1982］「ケニア・カンバの女」，綾部恒雄編『女の文化人類学――世界の女性はどう生きているか――』弘文堂.
FGM 廃絶を支援する女たちの会［1998］『女性性器切除（FGM）の廃絶に向けて――WHO・UNICEF・UNPFA 共同声明文――』FGM 廃絶を支援する女たちの会.
――――［2010］『女性性器切除の廃絶を求める国連 10 機関共同声明 OHCHR, UNAIDS, UNDP, UNECA, UNESCO, UNFPA, UNHCR, UNICEF, UNIFEM, WHO』World Health Organization（https://www.who.int/reproductivehealth/publications/fgm/9789241596442/en/, 2020 年 8 月 20 日閲覧）.
大塚和夫［1994］「割礼」，石川栄吉編『文化人類学事典』弘文堂.
――――［1998］「女子割礼および／または女性性器切除（FGM）――人類学者の所感――」，江原由美子編『フェミニズムの主張 4　性・暴力・ネーション』勁草書房.
岡 真理［1996］「『女子割礼』という陥穽，あるいはフライデイの口――アリス・ウォーカー『喜びの秘密』と物語の欲望――」『現代思想』24(6).
――――［1998］「『同じ女』であるとは何を意味するのか――フェミニズムの脱構築に向けて――」，江原由美子編『フェミニズムの主張 4　性・暴力・ネーション』勁草書房.
片上英俊［2001］「ケニアにおける女子割礼廃止の試み――1956 年の地方政府による法的禁止の紹介――」『ふくたーな（日本学術振興会ナイロビ研究連絡センターニュースレター）』18.
加藤 孝［1994］「キクユ」，石川栄吉ほか編『文化人類学辞典』（縮小版），弘文堂，192.
シンハル，アービンド・河村洋子［2017］「ポジデビを探せ！（第 12 回）社会改革とポジデビ――今とこれから――」『公衆衛生』81(11).
神馬征峰［2017］「ポジデビを探せ！（第 13 回）ポジデビとソーシャル・チェンジ――起こす変化 vs. 起こる変化――」『公衆衛生』81(12).
スターニン，モニク［2017］「ポジデビを探せ！（第 6 回）ポジデビ・アプローチ――これまでの経緯，日本での実践，そして今後の展望――」（訳：柴沼晃）『公衆衛生』81(4).
園部裕子［2020］「サブサハラ・アフリカからフランスへの女性の移動と滞在資格――家族

統合／非正規滞在／FGM を理由とする庇護申請を中心に――」『アフリカ女性の国際移動』日本貿易機構アジア経済研究所.

髙橋 都［2011］「わが国で活用できる女性性機能尺度の紹介――Sexual Function Questionnaire 日本語 34 項目版と Female Sexual Function Index 日本語版――」『日本性科学会雑誌』29(1).

谷本菜穂［2008］『美容整形と化粧の社会学――プラスティックな身体――』新曜社.

土井茂則［1986］「ケニヤ独立運動に関する一考察――キリスト教ミッションとキクユ族の『女子割礼』をめぐる対立について――」『アフリカ研究』28.

戸田真紀子［1996］「ナワル・エル・サーダウィ――エジプトからの告発――」，和田正平編『アフリカ女性の民族誌――伝統と近代化のはざまで――』明石書店.

――――［2015］『貧困，紛争，ジェンダー――アフリカにとっての比較政治学――』晃洋書房.

――――［2019］「ジェンダーと紛争――家父長制社会がもたらす暴力の連続性――」『現代社会研究科論集』13.

富永智津子［2004］「『女子割礼』をめぐる研究動向――英語文献と日本語文献を中心に――」『地域研究』6(1).

長島信弘［1984］「双子は死なず，ただ飛び去るのみ――ケニアのテソ社会における双子の死と双子儀礼――」『世界思想』 4 月号.

中村香子［2007］「『産まない性』――サンブルの未婚の青年層によるビーズの授受を介した恋人関係――」，田中二郎・佐藤俊・菅原和孝・太田至編『遊動民（ノマッド）――アフリカの原野に生きる――』昭和堂.

――――［2011］『ケニア・サンブル社会における年齢体系の変容動態に関する研究――青年期にみられる集団性とその個人化に注目して――』松香堂書店.

――――［2016a］「スルメレイが手にした選択肢――ケニア・サンブル女性のライフコースの変容――」，落合雄彦編『アフリカの女性とリプロダクション――国際社会の開発言説をたおやかに超えて――』晃洋書房.

――――［2016b］「社会の舞台裏を牛耳る――ケニアの牧畜民サンブル社会における年長女性の役割――」，田川玄・慶田勝彦・花渕馨也編『アフリカの老人――老いと制度と力の民族誌――』九州大学出版会.

永原陽子・ファティマ シェリフ＝ヌル・千田有紀・若杉なおみ・小森淳子［2005］「〈2004 年度アフリカ学会大会「女性フォーラム」報告〉女子割礼／FGM 再考 Part Ⅱ」『アフリカ研究』66.

縄田浩司［2003］「香がたすける性のいとなみ――施術された性器と向き合うスーダン女性――」，松園万亀雄編『性の文脈』雄山閣.

人間文化研究機構国立民族学博物館地域研究企画交流センター編［2004］「特集 2 アフリカ女子割礼」『地域研究：JCAS Review』6(1).

林 愛美［2018］『ケニアのマサイ社会における FGM に関する研究――ジェンダーの視点を

中心に――』博士論文，大阪大学言語文化研究科.
松園典子［1982］「女子割礼――グシイ族の事例――」『民族学研究』47(3).
松園万亀雄［1979］「グシイの葬礼――二元的人間属性と社会的距離の分析――」『アフリカ研究』18.
――――［1984］「割礼について――グシイ族小学生の作文――」，綾部恒雄編『通過儀礼と世界観』筑波大学歴史・人類学系.
――――［1991］『グシイ――ケニア農民のくらしと倫理――』弘文堂.
松田素二［2009］「複数化する間身体――現代ケニアのムンギキ・セクトを事例として――」『日常人類学宣言！――生活世界の深層へ/から――』世界思想社.
宮地歌織［2001］「グシイ農民の避妊行動にみるジェンダー関係の諸相」，松園万亀雄編『東アフリカにおける国家主導の社会・文化変化と地域的適応に関する胴体論的研究』(科学研究費補助金研究成果報告書).
――――［2004］「ケニア・グシイ社会における『女子割礼』をめぐる現代的諸相――割礼技術の医療化と女性たちの新たな動き――」『社会人類学年報』30.
宮脇幸生［2003］「なぜ彼女らは自らを傷つける行為を行うのか――エチオピア西南部牧畜民ホールにおける国家との交渉と女子『割礼』――」『アフリカレポート』37.
――――［2004］「国家と伝統のはざまで――エチオピア西南部クシ系農牧民ホールにおける女子『割礼』――」『地域研究』6(1).
――――［2007］「グローバル化する世界における女子割礼／女性性器切除――交渉されるジェンダーとセクシュアリティ――」，宇田川妙子・中谷文美編『ジェンダー人類学を読む――地域別・テーマ別基本文献レヴュー――』世界思想社.
――――［2016］「グローバルな廃絶言説はいかにして草の根に届いたのか？――エチオピア西南部クシ系農牧民ホールにおける女性性器切除――」，落合雄彦編『アフリカの女性とリプロダクション――国際社会の開発言説をたおやかに超えて――』晃洋書房.
吉田郁夫［1989］『身体の文化人類学――身体変工と食人――』雄山閣.
和田正平［1988］『性と結婚の民族学』同朋舎.

〈欧文献〉

Abdalla, S. M. and Galea, S. [2019] "Is Female Genital Mutilation/Cutting Associated with Adverse Mental Health Consequences? A Systematic Review of the Evidence," *BMJ Global Health*, 4(4).
Abdullahi, A. [2017] *Recovering the Somali State: The Role of Islam, Islamism and Transitional Justice*, London: Adonis & Abbey Publishers Ltd.
Abusharaf, R. M. [2006] "Introduction: The Custom in Question," in Rogaia Mustafa Abusharaf ed., *Female Circumcision Multicultural Perspectives* (Pennsylvania Studies in Human Rights), Philadelphia: University of Pennsylvania Press.
African Union (AU) [2003] "Protocol to the African Charter on Human and Peoples'

Rights on the Rights of Women in Africa,"（au.int/en/treaties/protocol-african-charter-human-and-peoples-rights-rights-women-africa, 2020 年 8 月 20 日閲覧）.

———[2011] "Decision on the Support of a Draft Resolution at the Sixty Sixth Ordinary Session of the General Assembly of the United Nations to Ban Female Genital Mutilation in the World- Doc. Assembly/AU/12(XVII) Add.5"（au.int/sites/default/files/decisions/9647-assembly_au_dec_363-390_xvii_e.pdf, 2020 年 7 月 18 日閲覧）.

Ahmadu, F. [2007] "Ain't I a Woman Too!": Challenging Myths of Sexual Dysfunction in Circumcised Women," in Y. Hernlund and B. Shell-Duncan eds. *Transcultural Bodies: Female Genital Cutting in Global Context*, New Brunswick: Rutgers University Press.

Ahmed, H. M., Kareem, M. S., Shabila, N. P. and Mzori, B. Q. [2018] "Knowledge and Perspectives of Female Genital Cutting among the Local Religious Leaders in Erbil Governorate, Iraqi Kurdistan Region," *Reproductive Health* 15(1), 44（https://doi.org/10.1186/s12978-018-0459-x, 2020 年 10 月 6 日閲覧）.

Ahmed, L. [1992] *Women and Gender in Islam: Historical Roots of a Modern Debate*, New Haven; London: Yale University Press（林正雄・岡真理・本合陽ほか訳『イスラームにおける女性とジェンダー――近代論争の歴史的根源――』法政大学出版局, 2000 年）.

Barnes, L. and Boddy, J. [1994] *Aman: The Story of a Somali Girl*, Toronto: Knopf Canada.

BBC [2001] "Kenya Bans FGM among Young," Wednesday, 12 December, 2001（news.bbc.co.uk/2/hi/africa/1706140.stm, 2020 年 7 月 18 日閲覧）.

Bedri, N. M. A. [2007] "Volunteerism and Community Mobilization for the Abolition of FGM: Lesson Learnt from the UNV Pilot Project in Sudan," Paper presented at *the Violence against Women Conference, Suzanne Mubarak Regional Centre for Women's Health and Development* 23-25 October, Alexandria, Egypt.

Berg, R. C. and Denison, E. [2012] "Does Female Genital Mutilation/Cutting (FGM/C) Affect Women's Sexual Functioning?　A Systematic Review of the Sexual Consequences of FGM/C," *Sexuality Research and Social Policy*, 9(1).

Berg, R. C., Odgaard-Jensen, J., Fretheim, A., Underland, V. and Vist, G. [2014] "An Updated Systematic Review and Meta-Analysis of the Obstetric Consequences of Female Genital Mutilation/Cutting," Obstetrics and Gynecology International（https://www.hindawi.com/journals/ogi/2014/542859/, 2020 年 11 月 6 日閲覧）.

Birge, O., Arslan, D., Ozbey, E. G., Adiyeke, M., Kayar, I., Erkan, M. M. and Akgör, U. [2017] "Which Type of Circumcision Is More Harmful to Female Sexual Functions?" *Clinical and Experimental Obstetrics & Gynecology*, 44(5).

Boddy, J. [1982] "Womb as Oasis: The Symbolic Context of Pharaonic Circumcision in Rural Northern Sudan," *American Ethnologist*. 9(4).

——— [2016] "The Normal and the Aberrant in Female Genital Cutting: Shifting

Paradigms," *HAU: Journal of Ethnographic Theory*, 6(2).

Bogale, D., Markos, D. and Kaso, M. [2015] "Intention toward the Continuation of Female Genital Mutilation in Bale Zone, Ethiopia," *International Journal of Women's Health*, 7.

Boyle, E. H. [2002] *Female Genital Cutting: Cultural Conflict in the Global Community*, Baltimore and London: The Johns Hopkins University Press.

Buttia, C. [2016] *Intervention to Mitigate Female Genital Mutilation/Cutting in Kenya*, Saarbrücken: AV Akademikerverlag.

Catania, L., Abdulcadir, O., Puppo, V., Verde J. B., Abdulcadir J. and Abdulcadir, D. [2007] "Pleasure and Orgasm in Women with Female Genital Mutilation/Cutting (FGM/C)," *Journal of Sexual Medicine*, 4(6).

CEDAW (United Nations Committee on the Elimination of Discrimination against Women) [1990] "CEDAW General Recommendation No. 14: Female Circumcision," A/45/38 and Corrigendum (www.refworld.org/docid/453882a30.html, 2020年7月18日閲覧).

Center for Reproductive Rights [2004] *Briefing Paper: Legislation on Female Genital Mutilation in the United States* (https://www.reproductiverights.org/sites/default/files/documents/pub_bp_fgmlawsusa.pdf, 2020年8月1日閲覧).

Connell, R. W. [2014] "Masculinities, the Reduction of Violence and the Pursuit of Peace." Ruth Jamieson ed., *The Criminology of War*. Ashgate Publishing (2016 Routledge版) (オリジナルはConnell, R. W. [2002] "Masculinities, the Reduction of Violence and the Pursuit of Peace," in Cockburn, C. and Zarkov, D. eds., *The Postwar Moment: Militaries, Masculinities and International Peacekeeping - Bosnia and the Netherlands*, London: Lawrence & Wishart).

Coomaraswamy, R. [1996] *Report of the Special Rapporteur on Violence against Women, Its Causes and Consequences, Radhika Coomaraswamy, submitted in accordance with Commission on Human Rights resolution 2001/49*. E/CN.4/2002/83 (digitallibrary.un.org/record/459009, 2020年7月1日閲覧).

Darby, R. [2015] "Risks, Benefits, Complications and Harms: Neglected Factors in the Current Debate on Non-Therapeutic Circumcision," *Kennedy Institute of Ethics Journal*, 25(1).

Dorkenoo, E. [1995] *Cutting the Rose: Female Genital Mutilation: The Practice and Its Prevention* (pbk.), London: Minority Rights Publications.

Earp, B. D. [2015] "Do the Benefits of Male Circumcision Outweigh the Risks? A Critique of the Proposed CDC Guidelines," *Frontiers in Pediatrics*, 3.

Einstein, G., Jacobson, D. and Lee, J. E. J. [2019] "An Analytic Review of the Literature on Female Genital Circumcision/ Mutilation/ Cutting (FGC): the Möbius Strip of Body and Society for Women with FGC," in G. Griffin and M. Jordal eds., *Body, Migration, Re/Constructive Surgeries: Making the Gendered Body in a Globalized World*,

London; New York: Routledge.

El Dareer, A. [1982] *Woman, Why Do You Weep?: Circumcision and Its Consequences,* London: Zed Press.

Elmusharaf, S., Elhadi, N. and Almroth, L. [2006] "Reliability of Self Reported Form of Female Genital Mutilation and WHO Classification: Cross Sectional Study," *British Medical Journal,* 333(7559).

European Institute for Gender Equality [2013], "Current Situation and Trends of Female Genital Mutilation in France." (https://eige.europa.eu/publications/current-situation-and-trends-female-genital-mutilation-france, 2021年1月4日閲覧).

European Parliament [2009] "Resolution of 24 March 2009 on Combating Female Genital Mutilation in the EU (2008/2071 (INI)," (www.europarl.europa.eu/sides/getDoc.do?pubRef=-//EP//NONSGML+TA+P6-TA-2009-0161+0+DOC+PDF+V0//EN, 2020年7月4日閲覧).

Evelia, H., Abdi, M., Njue, C., Askew, I. [2007] *Contributing towards Efforts to Abandon Female Genital Mutilation/Cutting in Kenya: A Situation Analysis,* Nairobi: Population Council.

Grun, G. [2015] "#endFGM: The Scope of the Problem in Graphics and Numbers," *Deutsche Welle* (https://www.dw.com/en/endfgm-the-scope-of-the-problem-in-graphics-and-numbers/a-18670295, 2020年8月1日閲覧).

Gwako, L. M. [1993] *Female Circumcision in Kenya: A Study of Gusii Women's Experiences and Current Attitude with Implications for Social Change* (Final Technical Report to the International Development Research Centre for Project), Eldred: International Development Research Centre.

——— [1995] "Continuity and Change in the Practice of Clitoridectomy in Kenya: A Case-study of the Abagusii," *The Journal of Modern African Studies* 33(2), 333-337.

Hayashi M. [2017] "The State of Female Genital Mutilation among Kenyan Maasai: The View from a Community-Based Organisation in Maa Pastoral Society," *Senri Ethnological Reports,* 143.

Hayes, R. O. [1975] "Female Genital Mutilation, Fertility Control, Women's Roles and the Patrilineage in Modern Sudan, a Functional analysis," *American Ethnologist,* 2(4).

Hetherington, P. [1998] "The Politics of Female Circumcision in the Central Province of Colonial Kenya, 1920-30," *The Journal of Imperial and Common Wealth History,* 26(1), 93-126.

Hernlund, Y. and Shell-Duncan, B. [2007] *Transcultural Bodies: Female Genital Cutting in Global Context,* New Brunswick, New Jersey and London: Rutgers University Press.

Hodgson, D. L. [2000] *Rethinking Pastoralism in Africa: Gender, Culture and the Myth of the Patriarchal Pastoralist,* Oxford: James Currey.

——— [2017] *Gender, Justice, and the Problem of Culture: From Customary Law to Human Rights in Tanzania*, Indiana: Indiana University Press.

Hosken, F. P. [1994(1979)] *The Hosken Report: Genital and Sexual Mutilation of Females*, 4th ed., Lexington: Women's International Network News (1st ed. 1979).

Ismail, S. A., Abbas, A. M., Habib, D., Morsy, H., Saleh, M. A. and Bahloul, M. [2017] "Effect of Female Genital Mutilation/Cutting; Types I and II on Sexual Function: Case-controlled Study," *Reproductive Health*, 14(1).

Kandala, N-B., Ezejimofor, M. C., Uthman O. A., Kamba P. [2017] *Modeling and Mapping of Girls' Female Genital Mutilation/Cutting in the Context of Economic, Social, and Regional Disparities: Kenya Demographic and Health Surveys 1998-2014*, Population Council.

Kandala, N.-B., Ezejimofor, M. C., Uthman, O. A. and Komba, P. [2018] "Secular Trends in the Prevalence of Female Genital Mutilation/Cuttings among Girls: a Systematic Analysis," *BMJ Global Health*, 3(5) https://doi.org/10.1136/bmjgh-2017-000549, 2020年6月4日閲覧).

Kaplan, A., Forbes, M., Bonhoure, I., Utzet, M., Martín, M., Manneh, M. and Ceesay, H. [2013] "Female Genital Mutilation/Cutting in the Gambia: Long-term Health Consequences and Complications during Delivery and for the Newborn," *International Journal of Women's Health*, 5(1).

Kaplan, A., Hechavarría, S. and Puppo, N. L. [2010] *Manual on Female Genital Mutilation/Cutting for health professionals, The Gambia*, 2nd ed., Barcelona: UAB, Bellaterra.

Kenyatta, J. [1956] *Facing Mount Kenya: The Tribal Life of the Gikuyu*, London: Secker and Warburg.

Kenya National Bureau of Statistics (KNBS) [1994] *Kenya Demographic and Health Survey 1993*, Nairobi: National Council for Population and Development (NCPD).

Kenya National Bureau of Statistics (KNBS), Ministry of Health, National AIDS Control Council, Kenya Medical Research Institute, National Council for Population and Development and the DHS Program, ICF International [2015] *Kenya Demographic and Health Survey 2014* (2014 KDHS) (https://dhsprogram.com/pubs/pdf/FR308/FR308.pdf, 2020年6月8日閲覧).

Kenya National Bureau of Statistics (KNBS), Kenya National Bureau of Statistics National Council for Population and Development (NCPD) [1999] *Kenya Demographic and Health Survey 1998*, Nairobi: National Council for Population and Development (NCPD).

——— [2004] *Kenya Demographic and Health Survey 2003*, Nairobi: National Council for Population and Development (NCPD).

——— [2010] *Kenya Demographic and Health Survey 2008-2009*, Nairobi: National

Council for Population and Development (NCPD).

——— [2015] *Kenya Demographic and Health Survey 2014*, Nairobi: National Council for Population and Development (NCPD).

Kim, D., Koo, S. A. and Pang, M. G. [2012] Decline in Male Circumcision in South Korea, *BMC Public Health*, 12 (1067).

Kimani, S. and Shell-Duncan, B. [2018] "Medicalized Female Genital Mutilation/Cutting: Contentious Practices and Persistent Debates," *Current Sexual Health Reports*, 10(1).

Köbach, A., Ruf-Leuschner, M. and Elbert, T. [2018] "Psychopathological Sequelae of Female Genital Mutilation and their Neuroendocrinological Associations," *BMC Psychiatry*, 18(1).

Leonard, L. [2000] "Adopting Female "Circumcision" in Southern Chad: The Experience of Myabé," in Shell-Duncan, B. and Hernlund, Y. eds., *Female "Circumcision" in Africa: Culture, Contorversy and Change*, London: Lynne Rienner.

Lesorogol, C. K. [2008] "Setting Themselves Apart: Education, Capabilities, and Sexuality among Samburu Women in Kenya," *Anthropological Quarterly*, 81(3).

LeVine, R. A. LeVine, S., Dixon, S., Richman, A., Leiderman, P. H., Keefer, C. H. and Brazelton, T. B. [1994] *Childcare and Culture: Lessons from Africa.* Cambridge: Cambridge University Press.

LeVine, S. and LeVine, R. A. [1979] *Mothers and Wives: Gusii Women of East Africa*, Chicago: University of Chicago Press.

Lightfoot-Klein, H. [1989] *Prisoners of Ritual: An Odyssey into Female Genital Circumcision in Africa*, London and New York: Harrington Park Press.

Lurie, J. M., Weidman, A., Huynh, S., Delgado, D., Easthausen, I. and Kaur, G. [2020] "Painful Gynecologic and Obstetric Complications of Female Genital Mutilation/ Cutting: A Systematic Review and Meta-analysis," *PLOS Medicine*, 17(3).

Macklin, A. [2006] "The Double-Edged Sward: Using the Criminal Law against Female Genital Mutilation in Canada," in Rogaia Mustafa Abusharaf ed., *Female Circumcision*, Philadelphia: University of Pennsylvania Press.

Masho, S. W. and Matthews, L. [2009] "Factors Determining Whether Ethiopian Women Support Continuation of Female Genital Mutilation," *International Journal of Gynecology and Obstetrics*, 107(3).

Mariam, A. G., Hailemariam, A., Belachew, T. Michael, K. W. and Lindstrom, D. [2009] "Support of the Continuation of Female Genital Mutilation among Adolescents in Jimma Zone, Southwest Ethiopia," *Ethiopian Journal of Health Sciences*, 19(2).

Marufu, T. C., Ahankari, A., Coleman T. and Lewis, S. [2015] "Maternal Smoking and the Risk of Still Birth: Systematic Review and Meta-Analysis," *BMC Public Health*, 15(1).

Matanda, D., Okondo, C., Karibu, C. W. and Shell-Duncan, B. [2018] *Tracing Change in*

Female Genital Mutilation/Cutting: Shifting Norms and Practices among Communities in Narok and Kisii Counties, Kenya (https://www.popcouncil.org/uploads/pdfs/2018RH_FGMC-TracingChangeKenya.pdf, 2020年10月25日閲覧).

Mayer, P. [1953] "Gusii Initiation Ceremonies," *Journal of the Royal Anthropological Institute*, 83(1).

Mitzlaff, U. Von. [1988 (1994)] *Maasai-Frauen: Leben in Einer Patriarchalischen Gesellschaft, Feldforschung bei den Parakuyo, Tansania*, München: Trickster (translated from the German by Groethuysen, C. and Dibdin, T., *Maasai Women: Life in a Patriarchal Society, Field Research among the Parakuyo, Tanzania*, München: Trickster.

Miyachi, K. [2002] "Rights of Cultures and Reproductive Health Rights: The Controversy around Female Circumcision," Falmer: University of Sussex. [MA dissertation].

——— [2014] "Cultural Transformation: Socio-cultural Aspects of Female Circumcision among the Gusii People in Kenya", *Nilo-Ethiopian Studies*, 19.

Mohamud, A., Radeny, S. and Ringheim, K. [2006] "Community-Based Efforts to End Female Genital Mutilation in Kenya: Raising Awareness and Organizing Alternative Rites of Passage," in Abusharaf, R. M. ed., *Female Circumcision Multicultrural Perspectives* (Pennsylvania Studies in Human Rights), Philadelphia: University of Pennsylvania Press.

Natsoulas, T. [1998] "The Politicization of the Ban of Female Circumcision and the Rise of the Independent School Movement in Kenya: The KCA, the Missionaries and Government 1929-1932," *Journal of Asian and African Studies*, 33(2).

Njue, C. and Askew, I. [2004] *Medicalization of Female Genital Cutting Among the Abagusii in Nyanza Province, Kenya*, Frontiers in Reproductive Health Programme Population Council (USAID Report).

——— [2008] "Managing and Preventing Female Genital Cutting (FGM/C) among the Somali Community in Kenya," Frontiers in Reproductive Health Programme Population Council (USAID Report).

No Peace Without Justice (NPWJ) [2011] "AU Summit: NPWJ welcomes the African Union's decision to support the adoption of a UNGA resolution to Ban FGM worldwide," (http://www.npwj.org/FGM/AU-Summit-NPWJ-welcomes-African-Union's-decision-support-adoption-a-UNGA-resolution-Ban-FGM-worl, 2020年7月4日閲覧).

Obermeyer, C. M. [1999] "Female Genital Surgeries: The Known, the Unknown, and Unknowable," *Medical Anthropology Quarterly*, 13(1).

Okemwa, P. G., Maithya, H. M. K., Ayuku, D. O. [2014] "Female Genital Cut in Relation to Its Value and Health Risk among the Kisii of Western Kenya," *Health*, 6(15).

Østebø, M. T. and Østebø, T. [2014] "Are Religious Leaders a Magic Bullet for Social

Change? A Critical Look at Anti-FGM Interventions in Ethiopia," (https://www.researchgate.net/publication/265900595_Are_Religious_Leaders_a_Magic_Bullet_for_SocialSocietal_Change_A_Critical_Look_at_Anti-FGM_Interventions_in_Ethiopia, 2020年11月29日閲覧).

Population Council [2007] Contributing Efforts to Abandon Female Genital Mutilation/Cutting in Kenya- A Situation Analysis.

——— [2008] *Female Genital Mutilation Abandonment Program: Evaluation Summary Report*, April 24, 2008.

Prazak, M. [2016] *Making the Mark: Gender, Identity, and Genital Cutting* (Research in International Studies. Africa Series). Ohio: Ohio University Press.

Puechguirbal, N. [2010] "Discourses on Gender, Patriarchy and Resolution 1325: A Textual Analysis of UN Documents," *International Peacekeeping*, 17(2), pp. 172-187.

Rahman, A. and Toubia, N. [2000] *Female Genital Mutilation: A Guide to Laws and Policies Worldwide*, London and New York: Zed Books.

——— [2012] "Prohibition of Female Genital Mutilation Act, No. 32 of 2011," Revised Edition 2012. (kenyalaw.org/kl/fileadmin/pdfdownloads/Acts/ProhibitionofFemaleGenitalMutilationAct_No32of2011.pdf, 2020年7月19日閲覧).

——— [2014] "National Policy for Prohibition and Response to Gender Based Violence" (psyg.go.ke/docs/National%20Policy%20on%20prevention%20and%20Response%20to%20Gender%20Based%20Violence.pdf, 2020年7月19日閲覧).

——— [2019] "National Policy for the Eradication of Female Genital Mutilation: Towards a society free from harmful cultural practices" (gender.go.ke/wp-content/uploads/2019/10/NATIONAL-POLICY-FOR-THE-ERADICATION-OF-FEMALE-GENITAL-MUTILATION-.pdf, 2020年7月19日閲覧).

Read, D. [1979] *Barefoot over the Serengeti*, Travel Book Club (寺田鴻訳『マサイ族の少年と遊んだ日々』どうぶつ社, 1988年).

Republic of Kenya [1989] *Population Census*, Nairobi: Office of the Vice-President and Ministry of Planning and National Development.

——— [1996] *Kisii District Development Plan 1997-2001*, Kenya, Nairobi: Office of the Vice-President and Ministry of Planning and National Development.

——— [2012a] "Children Act," Revised Edition 2012 (www.ilo.org/dyn/natlex/docs/ELECTRONIC/61290/115495/F1975053, 2020年7月18日閲覧).

——— [2012b] "Prohibition of Female Genital Mutilation Act, No. 32 of 2011". Revised Edition [2012 (2011)] (http://kenyalaw.org/kl/fileadmin/pdfdownloads/Acts/ProhibitionofFemaleGenitalMutilationAct_No32of2011.pdf, 2021年1月5日閲覧).

——— [2014] "National Policy for Prohibition and Response to Gender Based Violence" (psyg.go.ke/docs/National%20Policy%20on%20prevention%20and%20Response%20 to%20Gender%20Based%20Violence.pdf, 2020 年 7 月 19 日閲覧).

——— [2017(2012)] *The Children Act, No. 8 of 2001*, Revised Edition (https://kenyadjibouti.lutheranworld.org/, 2020 年 8 月 1 日閲覧).

———[2019] "National Policy for the Eradication of Female Genital Mutilation: Towards a Society Free from Harmful Cultural Practices" (gender.go.ke/wp-content/uploads/2019/10/NATIONAL-POLICY-FOR-THE-ERADICATION-OF-FEMALE-GENITAL-MUTILATION-.pdf, 2020 年 7 月 19 日閲覧).

Robertson, C. [1996] "Grassroots in Kenya: Women, Genital Mutilation, and Collective Action 1920-1990," *Signs*. 21(3).

Rouzi, A. A., Berg, R. C., Sahly, N. Alkafy, S., Alzaban, F. and Abduljabbar, H. [2017] "Effects of Female Genital Mutilation/Cutting on the Sexual Function of Sudanese Women: a Cross-sectional Study," *American Journal of Obstetrics & Gynecology*, 217(1).

Saadawi, N. El. [1980] *The Hidden Face of Eve: Women in the Arab World*, translated by Sherif Hetata, London: Zed Press (村上真弓訳『イヴの隠れた顔――アラブ世界の女たち――』未来社, 1988 年).

Sankan, S. S. Ole. [1979] *The Maasai*, Nairobi: Kenya Literature Bureau (佐藤俊訳『我ら,マサイ族』どうぶつ社, 1989 年).

Schalatek, L. [2019] "CEDAW and the USA: When Belief in Exceptionalism Becomes Exemptionalism," (www.boell.de/en/2019/12/10/cedaw-and-usa-when-belief-exceptionalism-becomes-exemptionalism, 2020 年 7 月 23 日閲覧).

Shell-Duncan, B. [2008] "From Health to Human Rights: Female Genital Cutting and the Politics of Intervention," *American Anthropologist*, 110(2).

——— [2017] *Female Genital Mutilation/Cutting in Kenya: Is Change Taking Place?—Descriptive Statistics from Four Waves of Demographic and Health Surveys*, Population Council.

Shell-Duncan, B. and Hernlund, Y. eds. [2000] *Female "Circumcision" in Africa: Culture, Controversy, and Change*, London: Lynne Rienner Publisher.

Silberschmidt, M. [1999] *"Women Forget that Men Are the Masters": Gender Antagonism and Socio-Economic Change in Kisii District, Kenya*, Copenhagen: Nordiska Afrikainstitute.

Simonis, M., Manocha, R., and Ong, J. J. [2016] "Female Genital Cosmetic Surgery: A Cross-Sectional Survey Exploring Knowledge, Attitude and Practice of General Practitioners," *BMP Open*, 6(9), e0131010.

Spencer, P. [1965] *The Samburu: A Study of Gerontocracy in a Nomadic Tribe*, London: Routledge and Kegan Paul.

——— [1993] "Becoming Maasai Being in Time," in Spear, T. and Waller, R. eds., *Being*

Maasai: Ethnicity and Identity in East Africa, London: J. Currey.

——— [1988 (2004)] *The Maasai of Matapato: A Study of Rituals of Rebellion*, Abingdon: Routledge.

Talle, A. [1988] *Women at a Loss: Changes in Maasai Pastoralism and their Effects on Gender Relations* (*Stockholm Studies in Social Anthropology 19*), Stockholm: University of Stockholm, Department of Social Anthropology.

The Brussels Collaboration on Bodily Integrity [2019] "Medically Unnecessary Genital Cutting and the Rights of the Child: Moving Toward Consensus," *The American Journal of Bioethics*, 19(10).

The Royal Australian College of General Practitioners (RACGP) [2015] Female Genital Cosmetic Surgery: A Resource for General Practitioners and Other Health Professionals, East Melbourne: RACGP.

Thomas, L. M. [1996] "'Ngaitana' (I will circumcise myself)": The Gender and Generational Politics of the 1956 Ban on Clitoridectomy in Meru, Kenya," *Gender and History*, 8(3).

——— [2003] *Politics of the Womb: Women, Reproduction, and the State in Kenya*, Berkeley: University of California Press.

Tiefer, L. [2008] "Female Genital Cosmetic Surgery: Freakish or Inevitable? Analysis from Medical Marketing, Bioethics, and Feminist Theory", Feminism & Phycology 18(4): 466–479.

UNFPA-UNICEF [2013] *Joint Evaluation of the UNFPA-UNICEF Joint Programme on Female Genital Mutilation/ Cutting (FGM/C): Accelerating Change (2008-2012), Country Case Study: Kenya* (www.unfpa.org/sites/default/files/admin-resource/fgmcc_kenya_final_ac.pdf, 2020 年 7 月 18 日閲覧).

UNHCR (The Office of the United Nations High Commissioner for Refugees) [2015] "Sexual and Gender Based Violence (SGBV) Prevention and Response," *Handbook for Emergencies* (4th edition), Geneva: UNHCR.

United Nations (UN) [1996] "Report of the Fourth World Conference on Women, Beijing, 4–15 September 1995. A/CONF.177/20/Rev.1. New York: United Nations publication Sales No. 96.IV.13" (www.un.org/womenwatch/daw/beijing/pdf/Beijing%20full%20report%20E.pdf, 2020 年 6 月 30 日閲覧).

——— [2020] *International Day of Zero Tolerance for Female Genital Mutilation, 6 February* (https://www.un.org/en/observances/female-genital-mutilation-day, 2020 年 8 月 20 日閲覧).

United Nations Children's Fund (UNICEF) [2013] *Female Genital Mutilation/Cutting: A Statistical Overview and Exploration of the Dynamics of Change*. New York: UNICEF.

——— [2020a] *A Profile of Female Genital Mutilation in Kenya* (https://reliefweb.int/sites/reliefweb.int/files/resources/Profile-of-FGM-in-Kenya-English_2020.pdf, 2020年8月20日閲覧).

——— [2020b] "Female genital mutilation (FGM)" (https://www.unicef.org/protection/female-genital-mutilation, 2021年2月9日閲覧)

United Nations Educational, Scientific and Cultural Organization (UNESCO) [2018] *International Technical Guidance on Sexuality Education: An Evidence-informed Approach.* (https://unesdoc.unesco.org/ark:/48223/pf0000260770, 2020年10月21日閲覧).

United Nations General Assembly (UNGA) [1993] *Declaration on the Elimination of Violence against Women*, 20 December 1993, A/RES/48/104 (www.refworld.org/docid/3b00f25d2c.html, 2020年7月1日閲覧).

——— [1999] *Traditional or Customary Practices Affecting the Health of Women and Girls: Resolution / Adopted by the General Assembly*, 1 February 1999, A/RES/53/117 (https://www.refworld.org/docid/3b00f52b42.html, 2021年2月9日閲覧).

——— [2012] *UNGA Resolution 67/146, adapted on 20 December 2012, Intensifying Global Efforts for the Elimination of Female Genital Mutilations.*

——— [2013] *Intensifying Global Efforts for the Elimination of Female Genital Mutilations: Resolution / Adopted by the General Assembly*, 5 March 2013, A/RES/67/146 (https://www.refworld.org/docid/51e67bc64.html, 2021年2月9日閲覧).

United Nations Population Fund (UNFPA) [1995] *Report of the International Conference on Population and Development, Cairo, 5-13 September 1994.* A/CONF.171/13/Rev.1 (www.refworld.org/docid/4a54bc080.html, 2020年6月30日閲覧).

——— [2014] "Implementation of the International and Regional Human Rights Framework for the Elimination of Female Genital Mutilation" (www.unfpa.org/sites/default/files/pub-pdf/FGMC-humanrights.pdf, 2020年6月8日閲覧).

Wangila, M. N. [2007] *Female Circumcision: The Interplay of Religion, Culture and Gender in Kenya* (*Woman from the Margins*), Maryknoll, New York: Orbis Books.

Warzazi, H. E. [1997] "Follow-up report of the Special Rapporteur on traditional practices affecting the health of women and children, Halima Embarek Warzazi," (www.refworld.org/docid/3b00f25e4.html, 2020年6月29日閲覧).

World Health Organization (WHO) [1993] *Forty-sixth World Health Assembly*, Geneva, 3-14 May 1993: Resolutions and Decisions, Annexes. WHA46/1993/REC/1.

——— [2008] *Eliminating Female Genital Mutilation: An Interagency Statement*, OHCHR, UNAIDS, UNDP, UNECA, UNESCO, UNFPA, UNHCR, UNICEF, UNIFEM, WHO, Geneva: WHO (https://apps.who.int/iris/handle/10665/43839, 2020年8月20日閲覧).

——— [2010] *Global Strategy to Stop Health-Care Providers from Performing Female*

Genital Mutilation UNFPA, UNICEF, UNHCR, UNIFEM, WHO, FIGO, ICN, IOM, WCPT, WMA, MWIA, Geneva: WHO Document Production Services.

——— [2018] *Care of Girls & Women Living with Female Genital Mutilation: A Clinical Handbook* (https://www.who.int/, 2020年8月1日閲覧).

WHO Regional Office for Africa [1997] *Regional Plan of Action to Accelerate the Elimination of Female Genital Mutilation in Africa* (www.afro.who.int/publications/regional-plan-action-accelerate-elimination-female-genital-mutilation-africa, 2020年7月1日閲覧).

WHO Regional Office for the Eastern Mediterranean [1979] "Seminar on traditional Practices Affecting the Health of Women and Children, Khartoum," 10-15 February 1979. World Health Organization. Regional Office for the Eastern Mediterranean (https://apps.who.int/iris/handle/10665/254379, 2020年8月20日閲覧).

WHO Study Group on Female Genital Mutilation and Obstetric Outcome, Banks, E., Meirik, O., Farley, T., Akande. O., Bathifa, H., and Ali, M. [2006] "Female Genital Mutilation and Obstetric Outcome: WHO Collaborative Prospective Study in Six African Countries," *The Lancet*, 367(9525).

WHO, UNICEF, UNFPA [1997a] *Female Genital Mutilation: A Joint WHO/UNICEF/UNFPA Statement*, Geneva: WHO.

——— [1997b] *A Joint Statement of on Female Genital Mutilation, World Health Organization.*

WHO/UNAIDS [2007] Male Circumcision: Global Trends and Determinants of Prevalence, Safety and Acceptability.

Winterbottom, A., Koomen, J. and Burford, G. [2009] "Female Genital Cutting: Cultural Rights and Rites of Defiance in Northern Tanzania," *African Studies Review*, 52(1).

World Vision [2014] *Exploring the Links: Female Genital Mutilation/Cutting and Early Marriage*, London: World Vision UK (https://assets.worldvision.org.uk/files/4814/0068/7160/Exploring_the_links_FGM_cutting_and_early_marriage.pdf, 2020年8月1日閲覧).

Yirga, W. S., Kassa, N. A. Gebremichael, M. W. and Aro, A. R. [2012] "Femal Genital Mutilation: Prevalence, Perceptions and Effect on Women's Health in Kersa District in Ethiopia," *International Journal of Women's Health*, 4(1).

〈ウェブサイト〉

外務省HP 「SDGグローバル指標 (SDG Indicators) 5：ジェンダー平等を実現しよう」(www.mofa.go.jp/mofaj/gaiko/oda/sdgs/statistics/goal5.html, 2020年3月15日閲覧).

Inter-African Committee on Traditional Practices (IAC) HP "About IAC" (iac-ciaf.net, 2020年6月23日閲覧).

KTN News Kenya（https://www.youtube.com/watch?v=NEOavMlmUWg, 2020年8月20日閲覧）.

NGOs Co-Ordination Board Website（https://ngobureau.go.ke/, 2020年10月13日閲覧）.

President Republic of Kenya Website "Elders, Religious Leaders Heed The President's Anti-FGM Call, Commit To End Practice By 2022,"（https://www.president.go.ke/2019/11/08/elders-religious-leaders-heed-the-presidents-anti-fgm-call-commit-to-end-practice-by-2022/, 2020年8月20日閲覧）.

Saleema Initiative HP（http://www.saleema-sd.org/, 2020年11月29日閲覧）

State Department for Social Protection Website "Department of Social Development,"（https://www.socialprotection.go.ke/social-development/, 2020年10月14日閲覧）.

UN Statistics Division HP "5 Gender Equality"（https://unstats.un.org/sdgs/report/2017/goal-05/, 2020年3月15日閲覧）

V-Day Website "About V-Day,"（https://www.vday.org/about-v-day/, 2020年10月14日閲覧）.

〈新聞・雑誌〉

28 Too Many［2013］*Country Profile: FGM in Kenya, May 2013*（https://www.28toomany.org/static/media/uploads/County%20Research%20Resource/Kenya/kenya_country_profile_v3_(july_2017).pdf, 2021年2月6日閲覧）.

AFPBB News［2020］「麻酔もなく女性器切除された12歳少女が失血死，執刀医保釈 エジプト」2020年2月11日（https://www.afpbb.com/articles/-/3267689?act=all, 2020年8月20日閲覧）.

Anti-Female Genital Mutilation Board［2018］*Guideline for Conducting an Alternative Rite of Passage*（http://antifgmboard.go.ke/download/alternative-rite-of-passage-arp-guidelines/, 2020年12月30日閲覧）.

"Criminalisation Will Not Stop FGM in East Africa," *The Guardian*, 15 April 2014（https://www.theguardian.com/global-development-professionals-network/2014/apr/15/fgm-africa-criminalisation-ethiopia, 2020年8月1日閲覧）.

Equality Now［2011］*Protecting Girls from Undergoing Female Genital Mutilation: The Experience of Working with the Maasai Communities in Kenya and Tanzania*（https://d3n8a8pro7vhmx.cloudfront,net/equalitynow/pages/315/attachments/original/1527599796/Protecting_Girls_FGM_Kenya_Tanzania.pdf?152799796, 2020年12月29日閲覧）.

"Initiated without a Single Cut," *Daily Nation*, July 7, 2000.

"Kenyan Parliament Fails to Reject Female Circumcision," *Sunday Nation*, November 17, 1996.

"Kenyan Parliament Fails to Reject 'Female Circumcision'," *Women's International*

Network News, Spring 1997, 23(2).

Ombuor, R. [2020] "Kenya Fighting to End Female Genital Mutilation by 2030," VOA News, February 05, 2020 (www.voanews.com/africa/kenya-fighting-end-female-genital-mutilation-2023, 2020年7月18日閲覧).

"Moi Condemns Girls' 'Circumcision'," *The Nairobi Times*, July 27, 1982.

"She clearly has no idea': Kenyan doctor condemned over bid to legalise FGM," *The Guardian*, Jan 26, 2018 (https://www.theguardian.com/global-development/2018/jan/26, 2020年8月20日閲覧).

The New Humanitarian [2018] "Mixed Messages on FGM" (IRIN NEWS 9 November 2018) (www.thenewhumanitarian.org/cheat-sheet/2018/11/09/african-debt-afghan-voter-violence-and-post-brexit-britain-cheat-sheet, 2020年6月4日閲覧).

索　引

さ

た

な

は

ま

よ・ら・わ

《編著者紹介》

宮 脇 幸 生（みやわき ゆきお）［はじめに，第1章，コラム4］
京都大学大学院文学研究科博士課程中途退学，博士（人間・環境学）
現在，大阪府立大学大学院人間社会システム科学研究科教授.

主要業績

『辺境の想像力――エチオピア国家に抗する少数民族ホール――』世界思想社，2006年.

『講座　世界の先住民族　ファースト・ピープルズの現在　05　サハラ以南アフリカ』（共編著），明石書店，2008年.

『国家支配と民衆の力――エチオピアにおける国家・NGO・草の根社会――』（編著）大阪公立大学共同出版会，2018年.

戸田真紀子（とだ まきこ）［第2章］
大阪大学大学院法学研究科博士課程後期単位取得退学，博士（法学）.
現在，京都女子大学現代社会学部教授.

主要業績

『アフリカと政治　改訂版』，御茶の水書房，2013年.

『貧困，紛争，ジェンダー――アフリカにとっての比較政治学――』晃洋書房，2015年.

『改訂版　国際社会を学ぶ』（共編著），晃洋書房，2019年.

中 村 香 子（なかむら きょうこ）［序章，第5章，コラム3］
京都大学大学院アジア・アフリカ地域研究研究科博士課程修了，博士（地域研究）.
現在，東洋大学国際学部准教授.

主要業績

「『伝統』を見せ物に『苦境』で稼ぐ――「マサイ」民族文化観光の新たな展開――」『アフリカ研究』92，2017年.

「『ボーシィ』たちの『旅』の終わり――観光業に従事する『マサイの戦士』の経験」『遊牧の思想――人類学がみる激動のアフリカ――』昭和堂，2019年.

「『未婚』『非婚』そして『結婚』――サンプル女性の自律と出自集団への帰属――」『生態人類学は挑む Session 1 動く・集まる』京都大学出版会，2020年.

宮 地 歌 織（みやち かおり）［第3章，コラム2，おわりに］
東京都立大学大学院社会科学研究科博士課程後期単位取得退学.
現在，佐賀大学客員研究員.

主要業績

「ケニア・グシイ社会における『女子割礼』をめぐる現代的諸相」『社会人類学年報』30，弘文堂，2003年，121-44頁.

"Cultural Transformation: Socio-cultural Aspects of Female Circumcision among the Gusii People in Kenya," *Nilo-Ethiopian Studies*, 19, 2014, pp. 1-15.

「ケニアにおける高齢化――農村に生きる女性たち（特集 TICAD VI の機会にアフリカ開発を考える）――」『アジ研ワールド・トレンド』253，2016年，10-13頁.

《執筆者紹介》（執筆順）

東　　優子（ひがし　ゆうこ）**［コラム 1］**
お茶の水女子大学大学院人間文化研究科博士課程修了，博士（人文科学）．
現在，大阪府立大学大学院人間社会システム科学研究科教授．

主要業績

『子どもの医療と生命倫理――資料で読む――（第 2 版）』（共著），法政大学出版局，2012 年．

「ジェンダーの多様性をめぐる概念の登場と変遷」女性心身医学，22 (3)，2017 年，219-24．

“Medically Unnecessary Genital Cutting and the Rights of the Child: Moving Toward Consensus,”（共著）*The American Journal of Bioethics*, 19(10), 2019, 17-28.

林　　愛美（はやし　まなみ）**［第 4 章］**
大阪大学大学院言語文化研究科博士後期課程修了，博士（言語文化学）．
現在，大阪府立大学大学院人間社会システム科学研究科客員研究員，明治大学アフリカ研究所客員研究員．

主要業績

「女性性器切除をめぐる研究動向と現代の課題――ケニアのマサイ社会における FGM 実践の調査から――」Ex Oriente, 22，大阪大学言語社会学会，2015 年．

“The State of Female Genital Mutilation among Kenyan Maasai: The View from a Community Based Organisation in Maa Pastoral Society,” 国立民族学博物館調査報告=Senri Ethnological Reports, 143，国立民族学博物館，2017 年．

『ケニアのマサイ社会における FGM に関する研究――ジェンダーの視点を中心に――』博士論文，大阪大学言語文化研究科，2018 年．

アブディン・モハメド（Mohamed Abdin）**［第 6 章］**
東京外国語大学大学院総合国際学研究科博士後期課程修了，博士（学術）．
現在，東洋大学国際共生社会センター・客員研究員，参天製薬株式会社企画本部・CSR 室．

主要業績

『わが盲想』ポプラ社，2013 年．

“Who Lost the Game? The Democratic Transformation: a Battlefield of Internal Political Actors in Post-Conflict Sudan”『言語・地域文化研究』(20)，2014 年．

「バシール政権崩壊から暫定政府発足に至るスーダンの政治プロセス――地域大国の思惑と内部政治主体間の権力関係――」『アフリカレポート』58，2020 年．

グローバル・ディスコースと女性の身体
——アフリカの女性器切除とローカル社会の多様性——

2021年4月20日　初版第1刷発行　　＊定価はカバーに表示してあります

編著者　宮脇幸生　戸田真紀子　中村香子　宮地歌織　©
発行者　萩原淳平
印刷者　田中雅博

発行所　株式会社　晃洋書房
〒615-0026　京都市右京区西院北矢掛町7番地
電話　075(312)0788番(代)
振替口座　01040-6-32280

装丁　神田昇和　　印刷・製本　創栄図書印刷(株)

ISBN978-4-7710-3478-5